众筹融资

"双创"时代
企业变革新路径

陈云 著

企业管理出版社

图书在版编目（CIP）数据

众筹融资："双创"时代企业变革新路径/陈云著. -- 北京：企业管理出版社，2019.12
ISBN 978-7-5164-1409-5

Ⅰ.①众… Ⅱ.①陈… Ⅲ.①融资模式—研究 Ⅳ.①F830.45

中国版本图书馆CIP数据核字（2016）第284435号

书　　名：	众筹融资："双创"时代企业变革新路径
作　　者：	陈　云
选题策划：	周灵均
责任编辑：	周灵均
书　　号：	ISBN 978-7-5164-1409-5
出版发行：	企业管理出版社
地　　址：	北京市海淀区紫竹院南路17号　　邮编：100048
网　　址：	http://www.emph.cn
电　　话：	编辑部（010）68456991　　发行部（010）68701073
电子信箱：	emph003@sina.cn
印　　刷：	河北宝昌佳彩印刷有限公司
经　　销：	新华书店
规　　格：	170毫米×240毫米　　16开本　　10.5印张　　150千字
版　　次：	2019年12月第1版　　2019年12月第1次印刷
定　　价：	52.00元

版权所有　翻印必究·印装有误　负责调换

前　言

其实，我们对众筹并不陌生，古今中外，无论是美国的自由女神像，还是中国古代捐钱建寺庙，都是众筹的典型例子。由此可见，众筹就是大众筹资的意思。

现代众筹指的是通过互联网方式发布筹款项目并募集资金。众筹重视"参与感"以及精神层面的需求，具有羊群效应。明星企业往往不缺钱，投资方反而更多，这就是羊群效应。

通俗地说，众筹就是众人合力做成一件事。我们来看一个小故事：

宋女士打算在武昌开一家咖啡书吧，但手头没有钱，在火热的众筹思潮下，宋女士写了一份招股说明书，发布在自己的朋友圈和QQ群里，并且开了三次现场招股说明会。

让她没有想到的是，短短两周时间就有50多个人愿意加入（国内有限责任公司的法定股东人数不得超过50人）。"2万元一股，我们在两周时间内筹集到100万元，其中她个人作为大股东投入10万元，而她三个下属每人5万元。"宋女士的一个股东说。

宋女士和股东们约定，不承诺以完全现金的方式给投资者回报，而更多的是以组织沙龙活动、提供社交平台、介绍创业资源等服务方式作为回报。

这次咖啡书吧的资金筹集既没有商业计划书，也没有市场论证，完全是因为"众筹"这个概念。

众筹就是大众筹资，由发起人、跟投人、平台构成，具有低门槛、多样性、依靠大众力量、注重创意的特征，是一种向群众募资，以支持发起的个人或组织的行为。

众筹模式其实是一种互联网金融模式。众筹项目多通过互联网发布筹款项目并募集资金，相对于传统的融资方式，众筹更为开放，只要是大家喜欢的项目，都可以通过众筹这种方式获得项目启动资金，为更多小本经营或创作的人提供了无限可能。

随着众筹的火热，中国的互联网巨头们也纷纷将触手伸向了这块大蛋糕。从统计来看，商品众筹方面，京东众筹筹资额占比最高，淘宝众筹紧随其后。京东众筹、淘宝众筹、苏宁众筹这三家电商平台呈现三足鼎立的局面，颇有"三分天下"之势。

众筹目前主要分为四种类型：回报型众筹、债权型众筹、募捐型众筹、股权型众筹。

相对于传统的融资方式，众筹更为开放，能否获得资金也不再是由项目的商业价值作为唯一的考量标准。众筹的方向具有多样性，在国内的众筹网站上的项目类别包括设计、科技、音乐、影视、食品、漫画、出版、游戏、摄影等，吸引着许多创业的年轻人的目光。

正如马云所说：梦还是要有的，去做！

以此为序！

编 者

2019年10月

目　录

第一章　众筹的认知 ……………………………………… 001

第一节　互联网筹资新模式 …………………………… 003

第二节　众筹，筹什么 ………………………………… 009

第三节　众筹成功的关键 ……………………………… 014

第四节　众筹的四大分类模式 ………………………… 019

第二章　众筹的起源及在国外的发展 …………………… 031

第一节　自古以来的众筹方式 ………………………… 033

第二节　众筹在1602年 ………………………………… 034

第三节　大洋彼岸的解放号角：《JOBS法案》 ……… 037

第四节　众筹的世界市场 ……………………………… 038

第三章　众筹在我国的机遇和挑战 ……………………… 041

第一节　众筹模式在我国的发展机遇 ………………… 043

第二节　众筹在我国商业模式的突破 ………………… 046

第三节　中国式众筹超越发达国家的机会 …………… 050

第四节　平台交流才是产融众筹的关键 ……………… 055

第四章 众筹的筹资方法和技巧·········059

 第一节 众筹来袭，你要做哪些准备 ·········061

 第二节 如何规划众筹项目 ·········072

 第三节 如何在众筹平台上发布项目 ·········074

第五章 国内外众筹平台的项目运作·········091

 第一节 国外众筹平台分析 ·········093

 第二节 国内外众筹平台对比分析 ·········100

第六章 众筹风险和法律援助·········117

 第一节 众筹存在的风险因素 ·········119

 第二节 项目众筹风险的预防与化解 ·········126

 第三节 众筹项目发起人如何保护自己 ·········129

 第四节 中国众筹的法律援助 ·········130

第七章 众筹人，在路上·········133

 第一节 未来众筹平台的发展趋势 ·········135

 第二节 众筹：中小企业融资新平台 ·········138

 第三节 众筹走向服务化 ·········142

附　录·········149

第一章

众筹的认知

众筹能获得全民的追捧,说明众筹商业模式内含有颠覆传统渠道的禀赋。作为新融资的商业模式,这种颠覆为何能发生,如何发生,给每个人带来怎样的机会与变化?

众筹融资
——"双创"时代企业变革新路径

第一节 互联网筹资新模式

一般而言，众筹项目透过网络上的平台连接起项目发起者和赞助者，群众募资被用来支持各种活动，包含民间集资、灾害重建、创业募资、艺术创作、软件开发、设计发明、科学研究、竞选活动、公共专案等。众筹项目，如图1-1所示。

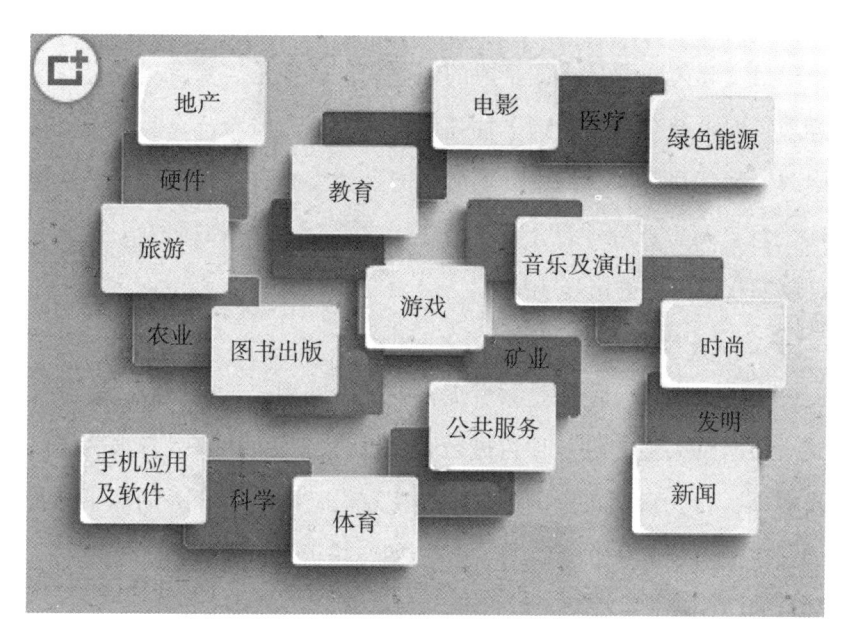

图1-1 众筹项目

一、众筹商业模式的构建

构建众筹融资模式，包括三个方面：项目发起人（筹资人），即有创造能力但缺乏资金的人；公众（出资人），即对筹资者的故事和回报感兴趣的且有能力支持他们的人;中介机构(众筹平台),即连接发起人和支持者的互联网终端。

1. 项目发起人(筹资人)

众筹项目是具有明确目标的、可以完成的且具有具体完成时间的非公益活动,如出版图书、制作专辑、生产某种电子产品等。项目不以股权、债券、分红、利息等资金形式作为回报。

项目发起人必须具备一定的条件,如国籍、年龄、银行账户、资质和学历等,拥有对项目100%的自主权。项目发起人要与中介机构(众筹平台)签订合约,明确双方的权利和义务。

项目发起人通常是小微企业的创业者,或者是需要解决资金问题的创意者,但也有个别企业为了加强用户的交流和体验,在实现筹资目标的同时,强化众筹模式的市场调研、产品预售和宣传推广等延伸功能,以项目发起人的身份号召公众(潜在用户)介入产品的研发、试制和推广,以期获得更好的市场响应。

2. 公众(出资人)

公众(出资人)往往是数量庞大的互联网用户,他们利用在线支付方式对自己感兴趣的创意项目进行小额投资,每个出资人都成为了"天使投资人"。公众所投资的项目成功实现后,对于出资人的回报不是资金回报,而可能是一个产品样品,例如一块Pebble手表,也可能是一场演唱会的门票或是一张唱片。

出资人资助创意者的过程就是其消费资金前移的过程,这既提高了生产和销售等环节的效率,生产出依靠传统投融资模式而无法推出的新产品,也满足了出资人作为用户的小众化、细致化和个性化消费需求。

3. 中介机构(众筹平台)

中介机构既是众筹平台的搭建者,又是项目发起人的监督者和辅导者，还是出资人的利益维护者。上述多重身份的特征决定了中介机构（众筹平台）的功能复杂，责任重大。

首先，众筹平台要拥有网络技术支持，根据我国相关法律法规，采用虚拟运作的方式，将项目发起人的创意和融资需求信息发布在虚拟空间里，实施这一步骤的前提是在项目上线之前进行细致的实名审核，并且确保项目内容完整、可执行和有价值，确定没有违反项目准则和要求。

其次，在项目筹资成功后要监督、辅导和把控项目的顺利展开。

最后，当项目无法执行时，众筹平台有责任和义务督促项目发起人退款给出资人。

2014年3月，有一个买房众筹项目在微信圈发起，比市场价便宜近30%。报名人数超过200人，都是发起人的"熟人"。

项目的发起人叫尹立志，他是中关村股权投资协会执行秘书长，这个名为"众筹家园"的项目位于河北省沧州市政府中捷高新产业园区，这也是国内首例众筹买房项目。

尹立志制作了一张表格，上面记录了参与人的基本信息，包括年龄、职位、兴趣爱好等。他们的共同点，都是北京金融界和IT界的中高层，具备创新意识和冒险精神。

对于此次众筹买房，尹立志称："此次众筹的房价，比市场水平便宜约30%。无论是投资还是自住，都很合适。"

尹立志说，微信平台是这次众筹买房的主要渠道，具体过程是申请人先递交申请表，通过审核后，交纳100元订金即可进入购房微信群，项目的设计、户型、价格等，全部通过群成员商议决定。

众筹本身是一种融资活动，比如，我们熟悉的房地产行业，房价高的根源在于土地溢价高、房产商融资成本和利润高。如果能将这些开发环节的费用节省下来，房价自然会降低。众筹建房时，传统房地产项目开发的财务成本、营销推广费用以及开发商的高额利润都能减免，所以建设出来的同品质住宅会比周边便宜不少。

二、众筹商业模式的优势

要想真正了解众筹商业模式的优势，需要从当下所处的社会背景说起。国家在发展，人民要富强，我们每个人都有理想和追求，都有梦想。我们的国家也有梦想，这就是中国梦。它是中国人民可期、可盼、可望的蓝图。

实现中国梦，需要我们行动起来，于是中国大地上掀起了"大众创业、万众创新"的浪潮，形成"万众创新""人人创新"的新态势。

20世纪八九十年代，中华大地上兴起了一阵"下海潮"，知识分子、机关干部及国企员工各个群体中都有人"下海"创业经商，诞生了一大批例如万科、联想、万通这样的业界巨头，相应地成就了王石、柳传志、冯仑这样的企业家。

21世纪初，互联网产业蓬勃兴起，又有一批年轻人投入到互联网创业大潮中，他们有马云、马化腾、李彦宏等，阿里巴巴、腾讯、百度不仅成为中国互联网企业的领头羊，也成为中国企业闯荡世界的名片。

2015年，国务院设立了总额为400亿元人民币的"国家新兴产业创业投资引导基金"来助力创业创新。

面对来自中央政府层面的鼓励与支持，面对众多利好政策，这波创富机会如果再错过，你能忍吗？

机遇是留给有准备的人的。很多企业正在抓住这样的机会，对产品或服务进行升级换代和创新；连锁企业正在加速扩张的步伐。

对大众创业、万众创新来说，"双创"可以促使众人的奇思妙想变为现实，将人力资源转化为人力资本。允许和鼓励全社会勇于创造，大力解放和发展生产力，有助于社会最终实现共同富裕。

当下，各种新产业、新模式、新业态不断涌现，有效激发了社会活力，释放了巨大创造力，成为经济发展的一大亮点。

一花独放不是春，百花齐放春满园。"双创"既是挑战更是机遇，我们所熟知的阿里巴巴等世界级互联网企业，也都是数年前从草根起家，不断坚持创新创业成功的。

难能可贵的是，"互联网+"的快速发展，已经让普通人有了更多的创新创业机会。移动通信终端广泛普及，宽带提速促使生产管理的自动化程度提高，众筹等筹资渠道有助于形成风险共担、利益分享机制，这让有梦想、有意愿、有能力的人有了广阔的平台施展拳脚。

但是，创业者也应该清醒地认识到，创业说起来容易，做起来难。创业者面对的首要问题就是资金问题，而众筹商业模式正好解决了这个难题。

（1）众筹可以降低融资门槛，有效促进微创业。

当下是微创业的时代，所谓微创业，是指使用微小的成本，以微平台或网络平台为重要载体，在细微的领域进行创意开发的创业活动。其主要特点是，可批量复制，投资微小，产生效益快。微创业是缓解当前我国大学生就业压力的有效途径之一。

但是，在目前金融管制的大背景下，民间融资渠道不畅、融资成本较高等问题阻碍了微创业的发展，而众筹是一种大众化的融资方式，它为微创业者提供了更快，获得成本更低的资金的可能，可以很好地解决"融资难"问题。项目发起人通过众筹平台把大众的微小资金汇集，以获得从事某项创业活动的资金，突破了传统融资模式的束缚，每个投资人也可以参与项目的策划、咨询、管理与运营。

由于互联网的开放性特征，投资人不受地区、职业和年龄等限制，

只要具有一定的资金能力、管理经验和专业技能即可。这种依托众筹平台的微创业活动在实现了"众人集资、集思广益、风险共担"的众筹理念的同时,也积累了经验和人脉。

(2)众筹可以激发"草根"创新,拉近生产者与消费者的距离。

众筹模式不仅是一种投融资活动,还作为一种创新模式,激发"草根"创新。互联网的技术特征和商业民主化进程决定了"草根"创新时代的到来,每个人(文艺、科技人才等)都可以发挥自身的创新与研发能力,并借助社会资源把自己的创意变为现实的产品。

众筹模式为每个"草根"创新者(即项目发起人)提供了获取资金、市场和人脉等重要资源的平台,而不同的投资人因为有着不同的专业背景以及不同的价值观,他们可以直接对项目提出自己的观点和意见,项目发起人会对此认真评估并进一步完善方案。双方的互动拉近了生产者与消费者之间的距离,这种注重用户交流和体验的行为类似于"大规模定制"行为,极大地降低了产品的市场风险。

三、众筹商业模式的特征

众筹项目作为一种商业行为,必有它的运行规则。

首先,筹资项目必须在发起人预设的时间内达到或超过目标金额才算成功。其次,众筹项目在设定时间内,达到或超过目标金额,项目即成功,发起人可获得资金;筹资项目完成后,支持者将得到发起人预先承诺的回报,回报方式可以是实物,也可以是服务,如果项目筹资失败,那么已获资金全部退还支持者。最后,众筹不是捐款,支持者的所有支持一定要设有相应的回报。

现代众筹具有以下特征:

(1)低门槛。

不论地位、身份、年龄、职业、性别,只要有想法、有创造能力都可以发起项目。

（2）多样性。

众筹项目的方向具有多样性，项目类别不限于设计、科技、游戏、食品、漫画、出版、音乐、影视、摄影等。

（3）依靠大众力量。

支持众筹项目并出资者通常是普通的"草根"民众，而非公司、企业或是风险投资人。

（4）注重创意。

众筹项目发起人必须先将自己的创意（策划案、设计图、成品等）达到可展示的程度，才能通过众筹平台的审核，而不单单是一个概念或者一个点子，要具有可操作性。

第二节　众筹，筹什么

众筹能获得全民的追捧，说明了众筹商业模式内含有颠覆传统渠道的禀赋。作为新融资的商业模式，这种颠覆为何能发生，如何发生，给每个人带来怎样的机会与变化？

一、众筹，筹圈子

"圈子"这个概念大家都很熟悉，物以类聚、人以群分，比如数码产品发烧友可以加入"数码圈子"，汽车发烧友可以加入"汽车圈子"，甚至喜欢喝酒的人都可以加入"品酒的圈子"，等等。

事实上，很多圈子是通过人们之间的社会行为特征自然形成的，如"IT圈子""社交圈子""演艺圈子"等。这种圈子的划分，实际上就是对人群进行一次分类，即分众的模式。从众筹融资的角度来说，这样就极易形成一个定向准确的推广人群。让这些人加入众筹的项目，成为投资者。

1. 互联网上的圈子

"圈子"最早出现在新浪博客，是基于共同兴趣的人一种社会化聚合的产物。当下，互联网技术发达，志趣相投的人聚集在相同的圈子里，分享从互联网上搜罗的有趣话题。圈主就是每个圈子的管理者，负责带动网友共同分享和讨论感兴趣的话题，清除圈子的垃圾，任命圈子管理员。

圈子是互联网博客的一大特色，也是博友们展现自我、相互交流的广阔空间。博客可以通过创建某个类别的圈子集合志趣相投的朋友，圈子作为独立的群体存在。圈子是基于个人门户的强大平台，和个人博客一样，具有界面友好、操作简单的特点。在这里你可以查看圈友最新发表的文章、推送的文章，与朋友有效沟通；也可以推送圈友或成为热门圈友。

申请加入圈子之后，才能发表和推送文章。博客申请圈子在得到管理员的批准之后，你就正式成为该圈的一员。如果你要推送自己的文章到某个圈子，只需要在自己的日志后面选择"推送"的圈子。通过圈子推送的文章，可以让爱好相同的朋友快捷地欣赏到，也可以让更多爱好相同的朋友浏览你的博客。同时圈子的长期更新，会形成同一个主题的圈子网志。

一个博客既可以是一个圈子的圈主或者多个圈子的圈主，也可以是若干圈子的圈友。在你的博客界面下，进入圈子模块，你可以选择创建圈子，也可以查看你的所有的关联圈子，包括你创建的圈子和你加入的圈子，以及你的身份和状态。在"管理"状态下，你可以退出某组。

在圈子的"管理"状态下，圈主可以审核请求加入圈子的博客，也可以编辑圈友。圈主可以推荐圈友共同管理，也可以删除不合格的圈友，也可以修改"推荐圈友"。

与新浪博客圈子类似的社交平台还有腾讯微信朋友圈。微信朋友圈是微信上的一个社交功能，通过朋友圈发表文字和图片，还可以将文章或者音乐分享到朋友圈。目前，微信朋友圈已成为广泛的社交工具。

2. 众筹创业热潮

80后、90后掀起了创业热潮，尤其是众筹创业模式的兴起，解决了很多80、90后创业者资金不足的难题。

很多年轻人都有一颗文艺心，一生有两个梦想：一场说走就走的旅行，一个属于自己的酒吧。唐明就是这样的一位文艺青年，他是80后，在东莞下坝坊创办了东莞第一家互联网众筹酒吧。

唐明原本从事互联网行业，一直有个要拥有自己酒吧的梦想。2013年开始，他接触参与下坝坊的一些酒吧的业务。他发现，下坝坊的酒吧生意普遍不景气，很多店要转让。以往做移动互联网的经验告诉唐明，应该结合自己的专长做一家有特色的酒吧，但是手头资金比较紧张，于是他想到了众筹。

没想到的是，唐明在朋友圈发起众筹后，在短短两周内就有近40名股东入股，每股5000元，股东出资5000元到2万元不等，最终筹集到近30万元资金。

"股东除了出钱，酒吧的各种装饰用品都由其提供，股东还实行轮班制，保证和体现股东的主人翁地位。"唐明说，"股东的朋友要是来店里消费，还可以获得以股东名义相赠的礼品，这样能保证一定的客源。"

唐明就是这股众筹创业浪潮中的一员。利用互联网的朋友圈，发起众筹项目，成为很多创业者共同的选择，互联网对于年轻创业者的影响已经渗透到方方面面。

"我们的酒吧所有的消费都通过微信、支付宝来完成。"唐明说，他

们众筹的这家酒吧所有的咖啡、酒等饮品都有二维码。

据介绍，大家来到这个酒吧以后，每个人的面前会有一个卡片或者是屏幕，上面会显示他或者她是处于安全模式、交友模式还是杀毒模式。安全模式表示主人不希望跟任何人交流，即使是服务员也不能打扰主人；交友模式表示主人希望跟酒吧的其他人交流，别人可以先在局部的网络地图联系主人或者是主动过来交友；杀毒模式表示主人心情不好，需要换个心情，可以求安慰、求拥抱等。

据了解，在整个众筹的过程中，股东之间的互相联系、付款、讨论等基本上都是利用微信朋友圈、支付宝等方式完成的。

3. 众筹打入熟人圈

江苏众筹网络推出一款名为"众筹空间"的产品，意在让用户在朋友圈这样的熟人圈玩众筹。其产品是基于腾讯微信公众号实现的。

实现的过程如下：

（1）用户关注"众筹空间"公众号之后，可以发起众筹。发起时输入金额、时间、限制人数和最低金额等，同时也可以选择获取用户信息，比如让支持者反馈手机号和地址，如果是有实物回馈，会用得到。

（2）将设定好的众筹项目分享给朋友，可以是指定微信好友，包括自己，也可以是朋友圈、微博。

（3）收到众筹项目的用户可直接点击"支持筹款"，不过如果是第一次使用众筹空间的用户，需要使用微博或者微信认证登录，通过手机接收验证码完成登录。

（4）登录之后用户可选择微信余额或支付宝进行支付支持。

这就是通过圈子实现众筹的过程，比如你的生日想要一个心仪的礼物，就可以设定好目标和理由，分享到朋友圈，让朋友来买单。

这种众筹和传统众筹有很大的不同，没有既定的"回馈设定"，回归到众筹本身的特点，完全是友情支持。现在这种众筹筹集的圈子，主要基于微信、社交APP或Web端的朋友圈，众筹是其第一步，下一步是基于品牌的众筹，这两者的基石是一个统一的用户管理和回馈管理系统。

二、众筹，筹通路

众筹的产生，主要是因为初创企业很难融资，或无力负担正规渠道高额的融资成本，不得不寻求新的融资渠道。基于互联网的众筹平台，将筹资者与投资人直接连通，使众筹融资快速发展。所以说，众筹其实筹的是融资的通路。

"目前互联网金融的主要业务模式有三类：第三方支付、网络信贷、众筹融资。众筹被看作融资渠道的创新。"原中国人民银行的副行长这样说。众筹融资开拓了融资的新渠道，向一大群投资者，而不是少量的成熟投资者（如VC、PE和天使投资人）筹集资金。

众筹融资模式下，每个投资者只需投入少量的资金，并且不需要银行或承销商等中介机构，方便快捷。有人甚至认为，在互联网对经济社会生活进一步渗透的背景下，众筹大有对传统证券投资行业业务构成巨大冲击的可能。

三、众筹，筹未来

从全球范围来看，数量众多的众筹平台正在运行或者准备运行。北美和欧洲是众筹平台发展最快的两个地区，从调查结果看，超过50%的众筹平台分布在这两个区域。亚洲和南美洲的众筹平台数分别位列第二和第三位，之后是大洋洲，再后是非洲。

已经启动或打算运营的众筹平台数量可以反映这个地区众筹市场的成熟程度。北美（包括美国和加拿大）是一个较为年轻的市场，众筹经济回报的法律规范和框架还不够完善。因此，在这块区域上，众多的众筹平台正在启动。对于欧洲和大洋洲的市场而言，由于众筹的法律规范

已经明确,新的众筹网站只能依赖自身的竞争优势进入这个市场。对于亚洲、南美洲、非洲而言,这种法律规范的不确定性,也限制了新众筹平台的发展。

从整体上看,未来的众筹市场会更加灵活多样。项目发起人可以从众多的众筹平台中做出合理的选择。

众筹,筹的是未来。众筹不应该只是一个短暂的、时髦的概念,而是一种科技与社会结合产生的新思维。各种通信工具已经很好地向我们演示了它们的重要性,通过它们我们可以与朋友保持联系,结识新朋友,或者与完全陌生的人聊天。

公开交流变得更容易,并且不需要正式的介绍就能相互认识。跟大家分享自己的想法也容易了,这种分享为众筹的流行奠定了重要的基础。众筹通过聚集社会资本来提供解决问题所需要的资金支持。充分利用社会的闲散资金,这种基于众人参与的模式能更好地服务于当代社会。另外,合理的运作让社会资本的使用效率达到最大化,从而创造新的价值。因此,可以说这种基于大众并回馈大众的众筹模式未来的发展潜力是巨大的。

第三节 众筹成功的关键

当下,众筹在国内还处于发展阶段,各种众筹融资的案例很多,其中有一些代表性的案例,可以供众筹参与者借鉴。

一、国内众筹的经典案例

1. 美微创投:凭证式众筹

朱江决定创业,但是拿不到风投。淘宝出现了一家店铺,名为"美微会员卡在线直营店"。淘宝店店主是美微传媒的创始人朱江,原来在多家互联网公司担任高级管理人员。

消费者可通过淘宝店拍下相应金额的会员卡,但这不是简单的会员卡,购买者除了享有订阅电子杂志的权益,还拥有美微传媒的原始股份100股。朱江在淘宝店里上架公司股权,4天之后,网友凑了80万元。

美微传媒的众募式试水在网络上引起了巨大的争议,很多人认为有非法集资嫌疑,果然还未等交易全部完成,美微的淘宝店铺就于4个月后被淘宝官方关闭,阿里对外宣称淘宝平台不准许公开募股。

证监会与朱江约谈,最后宣布该融资行为不合规,美微传媒不得不向所有购买凭证的投资者全额退款。按照《中华人民共和国证券法》(以下简称《证券法》)的规定,向不特定对象发行证券,或者向特定对象发行证券累计超过200人的,都属于公开发行,都需要经过证券监管部门的核准。

后来,美微传媒创始人朱江复述了这一情节,透露了比"叫停"两个字丰富得多的故事。

"我的微博上有许多粉丝一直在关注着这事,当我说拿不到投资,创业启动不了的时候,很多粉丝说,'要不我们凑钱给你吧,让你来做'。我想,行啊,这也是个路子,我当时已经没有钱了。"

"这让我认识到社交媒体力量的可怕,之后我就开始真正地思考这件事情了:该怎么策划,把融资这件事情当作一个产品来做。"

于是,朱江开始在淘宝店上众筹。

"大概一周时间,我们吸引了1000多个股东,其实真正的数字是3000多位,之后我们退掉了2000多个,一共是3000多位投资者打来387万元。目前公司一共有1194个投资者。"

"钱拿到之后,在上海开了一个年度规划会。我的助手接到一个电话:'你好,我是证监会的,我想找你们的朱江。'"

"刚开始我很坦然，心想：为什么证监会会出来管？去证监会的时候，一路上心情很轻松，但在证监会的门口，我突然心情沉重起来了，应该是门口的石狮子震慑住了我。四个月时间里，我们和证监会一共开了九次会。"（显然延续到了媒体说的"叫停"之后。）

"我的律师在北京很有名，通过代持协议达成了这么多投资人的方案。这样的协议没有模板，都是一行行给我打好的。律师告诉我，他做的这个代持协议，主要是针对工商、税务和公安部门，没想到是证监会来管我，这是最为开放的一个部门，我的运气很好。"

"第一次会议上我就诚恳地认错，反省自己法律意识淡薄，证监会的领导说我一点都不淡薄，整个法律文件写得非常专业，不是法律意识淡薄的人能够写出来的。接下来的八次会议讨论的事情，就是之前的那张代持协议是有效协议还是无效协议，证监会联合多家部门，把我们公司的账都翻了一遍。"

"证监会做得让我觉得最了不起的一件事情，是给1194个投资人都打过电话。一半的投资人接到电话就直接挂了，都以为是骗子，在群里说，'今天遇到骗子打电话来说是证监会，要来了解美微传媒'。我告诉他们的确是证监会在调查。"

据朱江描述，证监会重点问了所有投资人两个问题：一是朱江有没有承诺你保本，二是有没有承诺每年的固定收益率。

2. 逻辑思维：用众筹模式改变媒体形态

近年发生的最瞩目的自媒体事件，也似乎在证明众筹模式在内容生产和社群运营方面的潜力。《罗辑思维》发布了两次"史上最无理"的付费会员制：普通会员，会费200元；铁杆会员，会费1200元。买会员不保证任何权益，却筹集到了近千万元会费。爱就供养，不爱就观望，大家愿意众筹养活一个自己喜欢的自媒体节目。

《罗辑思维》的选题，是由专业的内容运营团队和热心的"罗粉"

共同确定，用的是"知识众筹"，主讲人罗振宇说过，自己读书再多，积累毕竟有限，需要找来自不同领域的"牛人"一起玩。众筹参与者名曰"知识助理"，为《罗辑思维》每周五的视频节目策划选题，由罗振宇主讲。中国人民大学一个叫李源的同学因为对历史研究透彻，罗振宇在视频中多次提及，也小火一把。要知道，当下《罗辑思维》微信粉丝众多，每期视频点击量均过百万人次。

罗振宇以前是央视制片人，正是想摆脱传统媒体的层层审批和言论封闭而离开电视台，做起自媒体，靠粉丝为他众筹来养活自己，并且过得非常不错。这是自媒体人给传统媒体人的一次警示。

3. 联合光伏：用众筹模式改变企业融资

股权众筹虽然一直以来颇受争议，但仍然阻挡不了企业用众筹项目融资的热情。早在2013年，联合光伏在众筹网发起建立全球最大的太阳能电站的众筹项目，该项目是典型的股权众筹模式。

该项目预计筹资金额为1000万元，每份筹资金额为10万元，每个用户最多购买一份，所有支持者都将成为此项目的股东。

联合光伏项目无论是从规模上还是具体实施上都给整个众筹行业起到了示范作用。

4. 乐视：用众筹开创了企业利用众筹营销的先河

国内知名视频网站乐视网牵手众筹网发起世界杯互联网体育季活动，并上线首个众筹项目——"我签C罗你做主"，只要在规定期限内，集齐1万人支持（每人投资1元），项目就宣告成功，乐视网就会签约C罗作为世界杯代言人。届时，所有支持者也会成为乐视网免费会员，并有机会参与一系列的后续活动。这可能是国内第一次用众筹方式邀请明星。

这次众筹项目的意义在于，开创了企业利用众筹模式进行营销的先河。

首先，利用众筹模式潜在的用户调研功能。乐视网此次敢于发布签约C罗的项目，说明乐视网早已准备好要跟C罗签约世界杯，通过此次与众筹网联合，可以让乐视网在正式签约之前，进行一次用户调研。

其次，乐视网通过与众筹网的联合，给签约C罗代言世界杯活动进行预热。乐视网充分利用众筹潜在的社交和媒体属性，在世界杯到来之前做了充分的预热。

最后，乐视网可以借助此次活动拉动世界杯的收视，并且为正式签约C罗之后的活动积累用户。

乐视网的这一创举，一方面让众筹网进入大家的视线，另一方面也带动了整个众筹行业。但隐藏在活动背后，值得其他有相同想法的企业思考的是，通过众筹网，企业还可以怎么玩。

二、众筹项目成功的关键点

众筹项目成功的关键点包括以下几个方面。

（1）筹集天数恰到好处。

众筹的筹集天数应该长到足以造成声势，又短到给未来的支持者带来信心。一般来说，众筹的筹集天数为30天的项目最容易成功。

（2）众筹的目标金额合乎情理。

目标金额的设置要遵循一定的规则，需要将生产、制造、劳务、包装和物流运输成本考虑在内，然后结合本身的项目设置一个合乎情理的目标。

（3）支持者的回报设置要合理。

对支持者的回报要尽可能地价值最大化，并与项目成品或者衍生品相配，而且应该有3~5项不同的回报形式供支持者选择。

（4）众筹项目的包装。

根据已有的项目统计，有视频的项目比没有视频的项目多筹得114%的资金；而在国内的项目发起人，大多不具有包装项目的能力。

（5）定期更新信息。

定期进行信息更新，以让支持者进一步参与项目，并鼓励他们向其他潜在支持者提及你的项目。

（6）感谢支持者。

感谢支持者不必局限于形式，可以发送电子邮件，向支持者表示感谢，或者在你的个人页面中公开答谢他们，目的是让支持者有被重视的感觉，增加参与的乐趣，这点也常常被国内众筹项目的发起人所忽视。

第四节　众筹的四大分类模式

众筹的分类有回报型众筹、股权型众筹、债权型众筹、募捐型众筹，如图1-2所示。

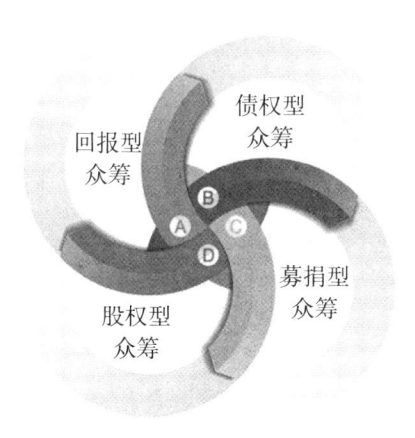

图1-2　众筹的四大分类模式

一、回报型众筹

回报型众筹，也叫奖励众筹，是指投资者对项目或公司进行投资，获

得产品或服务，也就是人们常说的"我给你钱，你给我产品或服务"。

回报型众筹一般是指预售类的众筹项目，包括团购在内，但团购并不是回报型众筹的全部。传统意义上的团购和回报型众筹的主要区别在于，募集资金的产品或服务发展的阶段。

两者的不同之处在于：回报型众筹指的是仍处于研发设计或生产阶段的产品或服务的预售，团购则更多指的是已经进入销售阶段的产品或服务的销售，回报型众筹面临着产品或服务不能如期交货的风险。回报型众筹与团购的目的也不尽相同，回报型众筹主要是为了募集运营资金、测试需求，而团购主要是为了提高销售业绩。

在实际操作中，回报型众筹和团购并没有特别清晰的界限，通常团购网站也会搞类似回报型众筹的预售，众筹网站也会发起团购项目。

下面是一个回报型众筹的代表——点名时间。

点名时间是中国最早深入了解智能硬件产业的专业平台，与北京、上海、杭州、深圳等地的硬件团队进行深度交流，并深入分析国内外数千个智能产品在众筹平台、销售渠道的数据表现，通过线下"点名时间10×10大会"和大家分享，帮助硬件团队了解市场需求，掌握未来趋势，在业界已经建立起一定的口碑。

每场超过2000人规模的"点名时间10×10大会"，已经成为智能硬件圈不能错过的重要大型会议。

点名时间的"智能新品限时预购"包括两种含义：一种是专注做智能硬件的首发模式，定位更清晰；另一种是点名时间要做的是智能硬件的预售电商，要用限时预购这种模式打开to B和to C两类人的心。

从to B上来说，点名时间向智能硬件的生产厂家推荐首发的模式。集合国内外、线上线下，累计1000多家渠道，还有点名时间500万名用户，做为期30天的采购预定。

从 to C 上来说，点名时间彻底抛弃了"中国最大众筹平台"的光环，旧有的回报型众筹被预售取代。在点名时间预售期间，让渠道商家获得3~5折的市场价，让早期用户用5~7折抢先体验口碑扩散，让所有参与预购的用户都变成团队的粉丝。

1. 点名时间的价值体现

（1）创新产品的第一批铁杆粉丝。

每一个新产品都需要第一批先驱者的试用。少了这一群人，新产品就没有口碑传播，就无法在大众群体中扩散。这群科技产品的意见领袖都聚集在点名时间，因为他们最关注国内外最新的智能产品资讯。在点名时间发布产品将以最快的速度接触到这些意见领袖，让他们发现你的产品。

（2）获得市场反馈与测试。

硬件不像软件，发现购买可以快速迭代，硬件一旦出货就要确保市场正常运作，否则任何一个组件发生问题，都要面临客户投诉，召回产品。点名时间帮助硬件团队将公测版产品交给愿意协助测试给予意见反馈的专业用户。通过众筹模式，测试产品定位，看看大家是否需要；测试产品的包装，看看用户是否理解；测试产品定价，看看大家是否买单；测试产品使用，看看能否发现无法预期的问题。点名时间帮你在正式大批量生产之前，做最后的把关验证。

（3）快速对接全球销售渠道。

点名时间和国内外超过500家销售渠道建立战略联盟，销售范围遍及美国、加拿大、澳大利亚、俄罗斯、日本、欧洲以及东南亚。通过点名时间，硬件创业团队可以在最短的时间内快速对接全世界的渠道，将产品推往全世界的市场。点名时间不仅让用户看到你，也让全世界的渠道找到你。

（4）获得国内外投资机构关注，解决后期资金需求。

超过150个投资经理在点名时间寻找好的硬件团队。无论你是需要天使资金,还是A轮资金,国内外顶级投资机构都在这里。点名时间帮你在最短的时间内让最多的投资机构认识你。

(5)获得代工供应链资源。

点名时间与超过100家原器件采购及代工厂合作,帮助硬件团队挑选出优质的厂家,解决硬件团队在寻找供应链上经验不足、找不到匹配的代工厂、无法及时生产交货的痛点。

(6)全面的媒体资源。

点名时间与近200家线上线下媒体记者合作,帮助硬件团队与优质媒体对接。通过点名时间,硬件团队可以接触到合适的媒体,进行采访曝光,让更多人看见你的好产品。

中国企业已经开始从代工走向创新的道路,国内并非没有创新力,只是在创新的过程中遇到一些问题和阻碍,点名时间作为中国智能硬件创新的推手,致力于帮助硬件团队降低创新的门槛,为他们整合多方面的资源,使之快速地得到市场和渠道的认可,以此来支持这股创新的力量。

2. 点名时间的运作模式

第一步,提交项目。硬件团队通过点名时间官网提交项目内容,包含项目介绍、项目团队介绍、回报内容介绍等。

第二步,审核项目。所有硬件产品都必须送达点名时间办公室,在测试机抵达后3~5个工作日内,由点名时间进行严格的实际测试,确认产品功能外观如实后,才会通过上线。

第三步,上线准备。审核通过之后,团队即可选择上线日期,准备上线。部分有潜力的项目,点名时间将给予产品定位分析、文案策划和视觉设计等全方位的协助,帮助团队打造完美的首次亮相。

第四步,项目上线。项目上线后点名时间将协助硬件团队对接渠道、媒体、投资人及供应链等多方资源。

发布亮眼的硬件项目,将会吸引渠道商大量采购,依据过去的经验，在点名时间上的一个支持者等于渠道采购的100个订单。点名时间能够帮助硬件团队有效评估未来量产上市的出货量，为未来正式渠道铺货做好准备。

二、股权型众筹

股权型众筹，也可称为股权众筹，是指公司出让一定比例的股份，面向普通投资者，投资者通过出资入股公司获得未来收益。这种基于互联网渠道而进行融资的模式被称作股权众筹。也有人认为，股权众筹是私募股权互联网化。

股权型众筹是以股权的形式对一定的项目进行投资，当这个项目日后发展壮大时跟投人可以享受股东所涉及的所有权益。唯一不足的是，国家法律规定一个项目不能超过200人。股权型众筹是涉及法律风险最大的一类。

我们先来见证一下股权众筹从无到有的过程。2009年，众筹在国外兴起；2011年，众筹进入中国；2013年，国内正式诞生第一例股权众筹案例；2014年，国内出现第一个有担保的股权众筹项目。2014年5月，明确了证监会对于众筹的监管；同年，政府要求建立资本市场小额再融资快速机制，并首次提出"开展股权众筹融资试点"。

1. 股权众筹的分类

从股权众筹能否担保的角度，可分为两类：无担保的股权众筹和有担保的股权众筹。

无担保的股权众筹是指投资人在进行众筹投资的过程中没有第三方的公司提供相关权益问题的担保责任。目前国内基本上都是无担保股权众筹。

有担保的股权众筹是指股权众筹项目在进行众筹时，第三方机构提供固定期限的担保责任。但国内目前只有贷帮网的众筹项目提供担保服务,且尚未被多数平台接受。

国内第一个有担保的股权众筹是贷帮网袋鼠物流项目,项目上线16天,79位投资者完成了60万元的投资额度。该项目是由第三方机构提供为期一年的担保,在一年内如果该项目失败,担保机构将全额赔付投资人的投资额度。对投资人有非常大的吸引力。

2. 股权众筹涉及的法律问题

(1)非法集资。

当前,国内关于股权众筹最大的争议在于与非法集资的区别。股权众筹属于公开向不特定人群公开募集资金,很容易涉嫌非法集资。

(2)公司法。

股权众筹以发起公司的原始股权作为回报,这相当于吸引一部分人入伙开办公司,这就会涉及《中华人民共和国公司法》(以下简称《公司法》)方面的问题。因为《公司法》明确规定,非上市公司的股东人数不能超过200人,而股权众筹要的就是"人多力量大"。

(3)证券法。

《中华人民共和国证券法》(以下简称《证券法》)规定,向不特定对象发行证券、向特定对象发行证券累计超过200人的,都算是公开发行证券,而公开发行证券则必须通过证监会或国务院授权的部门核准,需要遵循一系列规则在交易所交易;而股权众筹要想健康发展,还需要突破《证券法》的阻拦。

3. 股权众筹海外借鉴

美国颁布的《乔布斯法案》中提到:众筹,也叫网上小额集资,是一种利用网络平台向众多小额投资者募集股权资金的新型融资方式,对认定的新兴成长企业在私募、小额、众筹等发行方面改革注册豁免机制,增强发行便利性。

在《乔布斯法案》为众筹中的股权众筹保驾护航、法律正名的时候,而在我国，《公司法》《证券法》《中华人民共和国刑法》（以下简称《刑法》）等法律中的限制性或禁止性规定，让众筹寸步难行。

在《乔布斯法案》中，确立了对众筹融资的发行豁免条件：发行人每年最高合计的众筹融资不超过100万美元。投资者的投资金额需满足以下要求：第一，年收入少于10万美元的个人累计投资最多为2000美元或年收入的5%中的高者；第二，年收入超过10万美元的个人可将其收入的10%用于投资。必须通过经纪人或资金门户进行众筹融资。

4. 未来政策走向

目前，我国股权众筹已经明确归证监会监管，《对股权众筹平台指导意见》提出，公司股东不得超过200个，单个股东投资金额不得超过2.5万元，整体投资规模控制在500万元内。股权众筹逐步得到国家政策的支持。

5. 股权众筹是否适合一般家庭

资本市场上有两个必须遵循的规律：投资回报和风险匹配，风险巨大的项目，回报也高；投资人的风险承受能力必须和风险匹配，投资项目不仅要求有风险承受能力，而且需要投资人有更强的判断能力，这是少数人的游戏。

通过众筹融资，能够把金额降低到单个普通投资人可以接受的程度，这往往给人造成低风险、高回报的误解。额度低并不等于风险低，投资人的承受能力不仅和额度有关，也和他可支配的财富有关。十几万元对天使投资人来说很少，但是对于一个普通家庭而言，是一笔大投入。

所以，降低额度，降低的是准入门槛，而不是降低项目风险。

众筹投资必须清醒地认识到早期项目的高风险性，往往需要在一个领域多次投资才能获得回报，国内多数的天使投资人，十个项目里有一两个能走到下一轮已经是不错了。如果你觉得一个众筹项目投资5万元不算什么，试想自己投资十个项目是不是也能承受？如果你的资金只够一次众筹投资,那么获利是个低概率的事件,赔钱就不足为奇了。

6. 股权众筹与股权投资的区别

传统的股权投资隐性成本非常高。对项目方来讲,主要是缺乏经验,不能充分展现项目亮点,同时对接投资人数量非常有限,找到匹配的投资人要靠运气。另外,投资人由于缺乏金融和投资知识,很难科学地把握交易结构与交易估值,不可避免地会遭受损失。

股权众筹做的是一个平台,能够在一个开放的、基于互联网的平台上让更多的投资人参与到投资创业企业的过程中来。股权众筹的定位是投融资的信息服务平台,服务的对象包括两方面:一方面是融资方,即中小企业群;另外一方面是投资方,即大量潜在的小微天使。

7. 股权众筹存在的最大问题

股权众筹存在的最大的问题是,如何保护投资人的利益,逐步放宽对投资人的准入门槛,让更多的投资人参与到对创业者投资的过程中。这个过程需要进一步规范国家监管部门,防范由于政策过度放开而对投资者造成不必要的伤害。

比如,在美国做股权众筹相对容易,项目失败了,投资人不会"骂人",因为他们的投资者大多比较成熟,他们明白虽然项目是平台介绍的,但最后责任还是要自己来承担的。中国的投资者还需要进一步培育这种成熟的认知。

在中国,前期股权众筹要花很长的时间去培育这个投资市场,并做好持久战的准备。它最少需要三到五年的时间,才能慢慢成熟。

三、债权型众筹

了解债权型众筹(也称债权众筹)之前,我们需要先弄明白P2P(Peer to Peer)网贷的概念。简单地说,就是有资金并且有理财投资想法的个人,通过中介机构牵线搭桥,使用信用贷款的方式将资金贷给其他有借款需求的人。其中，中介机构负责对借款方的经济效益、经营管理水平、发展前景等情况做详细的考察，并收取账户管理费和服务费等。这种操作模式依据的是《中华人民共和国合同法》（以下简称《合同法》），其实就是一种民间借贷方式，只要贷款利率不超过银行同期贷款利率的4倍，就是合法的。

债权众筹也是我国众筹一种常见的形式，债权众筹其实就是P2P借贷平台（人人贷）——多位投资者对人人贷网站上的项目进行投资，按投资比例获得债权，未来获取利息收益并收回本金。

债权众筹的模式是把民间贷款放到网络平台上进行交易，也就是所谓的P2P。我国民间借款存在已久，随着电子商务的日渐成熟，而且电子支付方式简便快捷，网络贷款顺应时代发展潮流出现了。

以前科技没有那么发达，还没有网络，一个陌生人向很多陌生人借钱，并承诺利息，这是一件非常困难的事情，而在互联网发达的今天，就变成了现实，这就是众筹。债权众筹也是众筹，只不过从实物回馈变成了收取利息。

从众筹的角度，对于投资人来说，把资金分散投资到稳定的债权上是最好的选择。中国大部分的储户还是相信银行，宁愿把手头的积蓄放到银行变成定期存款，也不愿意自己投资做生意，承担更多的风险，但是又遏制不住自己对高利息的渴望。于是，出现了债权众筹，所以债权众筹对于一些投资人来说，就分散了风险，还获得了高收益。

对于募资人来说，借钱不一定要向身边的人开口，假如一个成熟的平台能尽快借到钱，这就是一个非常好的选择。但是作为众筹平台来说，如何建立借款人信用规则成了第一要任，这也是众筹平台的价值所在——为投资人提供完整的风险控制，建立平台风险资金池，完整保护投资人利益。

债权众筹平台为此制定出一系列风险控制的办法，比如查借款人的

工作地址、名片、收入证明等，以此证明借款人是具备还款能力的。

债权众筹项目的最大风险就是信用风险。假如借款人逃跑，众筹平台缺乏相应的制约，投资人的利益就会受到很大损害。随着债权众筹平台规模的不断扩大，风险控制制度也要越来越规范，这样才能避免大量的坏账产生。

当然，如果债权众筹的平台能接入央行的征信系统，不管是从风控方面还是监管方面，都能上一个层次。

从上文我们看出，P2P对于投资者来说风险很大，而P2C就完全不一样了，这些平台的创始人都有银行背景，风险控制制度要规范得多一些。

从模式上来讲，P2C还是债权众筹模式，项目人募资，多名投资者参与。但是相比人人贷，P2C更专业，有担保公司担保，有抵押物，资金也是由第三方托管公司管理。

P2C的两个平台，爱投资以10 000元起投，积木盒子以100元起投。

四、募捐型众筹

募捐型众筹，也称捐赠众筹，是一种不计回报的众筹。比如，红十字会NGO在线捐款平台，可以说是捐赠众筹的雏形，有需要的人由本人或他人提出申请，NGO做尽职调查，证实情况，然后在网上发起项目，从公众募捐。

1. 捐赠众筹的目的

我们说捐赠众筹，顾名思义，其目的主要是用于公益事业领域，支持者对某个项目的出资更多表现的是参与的属性或精神层面的收获，支持者不在乎自己的出资最终能得到多少回报，他们的出资行为带有明显的捐赠和帮助的公益性质。

国内捐赠众筹做得比较多的是募捐制和奖励制项目，像电影、赠书、演唱会等，项目的支持者一般就是项目的推动者，参与感很强。

2. 捐赠众筹的法律风险

捐赠众筹的基础法律关系是赠予。《合同法》第185条规定，赠予是赠予人将自己的财产无偿给予受赠人，受赠人表示接受赠予的一种行为，这种行为的实质是财产所有权的转移。故从法律的角度分析，规范的赠予当然不存在任何民事、刑事法律风险。

目前，在实务操作中，捐赠众筹存在的法律风险主要来自两个方面：一是项目信息虚假，二是募集资金使用不透明。如果众筹平台没有尽勤勉的审查义务，致使部分虚假项目上线接受捐赠，甚至自行编造虚假项目接受捐赠，或者虽然项目真实但未将捐赠资金合理使用，则项目发起人可能涉嫌集资诈骗。

下面我们来看一个知名的众筹网站——众筹网。

众筹网是中国最具影响力的众筹平台，是网信集团旗下的众筹模式网站，为项目发起者提供募资、投资、孵化、运营一站式综合众筹服务。

众筹网提供包括智能硬件、娱乐演艺、影视图书、公益服务等10大频道，4000多个项目，提供更多选择、更低价格、更多创新的个性化定制产品和服务。

众筹网是国内最大的专业众筹平台，其LOGO大写是"众"形，类似两个人，红黑相间，互补互联，代表众筹网是一家聚众人之力为众人服务的众筹平台。

众筹网的基本众筹模式是捐赠模式和奖励模式。捐赠模式，指投资者对项目进行无偿捐赠，多用于公益众筹；奖励模式，指投资者对项目进行投资，然后获得项目发起人提供的商品或相关服务。

如何在众筹网发起众筹项目，其步骤如下：

第一步，使用众筹网账号或合作账号登录众筹网，如无账号请先注册。

第二步，首次登录后，上传头像并完善个人信息。

第三步，点击"发起项目"，并留心查看"如何发布一个好的项目"处。

第四步，填写项目基本信息，上传缩略图，尺寸为310×240，大小不超过5MB。

第五步，填写发起人真实姓名及联系方式，方便项目经理与发起人取得联系。

第六步，填写项目具体信息，详细介绍"关于我""我想要做什么""为什么我需要你的支持""我的承诺与回报"。

第七步，设置筹资金额，建议设置三个以上的回报，增加回报档位，提供与项目本身相关的切实回报，并上传回报图片，帮助项目更快获得成功。

第八步，上传项目视频，让投资人更快地了解众筹项目及发起人。

第九步，项目发起成功，进入审核后台。

第十步，项目初审合格后，将由众筹网项目经理与发起人联系并全程辅导发起人完善项目信息及回报机制，随后项目进入终审阶段。终审合格后，项目上线，项目经理将会继续协助发起人推广项目。

国内众筹模式主要分为四种类型，即回报型众筹、股权型众筹、债权型众筹和募捐型众筹，那么这四种不同类型的众筹到底有何区别呢？

打个比方：假设一个人对一个众筹项目支持了100元，如果是募捐型众筹，可能收获的仅仅是一封感谢信；如果是回报型众筹，可能收获一本书；如果是股权型众筹，可以获得0.01%股份；而如果是债权型众筹，可能在6个月内收获105元。

简单来说就是，回报型众筹回报的是商品和服务，股权型众筹回报的是股份，债权型众筹回报的是金钱。因此，除了募捐型众筹，其他众筹模式都算是一笔"投资"，只是这笔投资不一定以现金回报的方式返还给投资者，投资者的"获利"形式取决于他投资的项目本身。

第二章

众筹的起源及在国外的发展

人类是群居的，用马克思的话说，人都是社会化的人。社会就是一个"江湖"，有人的地方就有"江湖"，有"江湖"的地方就有利益，有利益的地方就有合作，有合作就有众筹，所有的众筹都是为了共同利益。

众筹融资

——"双创"时代企业变革新路径

第一节　自古以来的众筹方式

"众筹"虽然是一个新概念，但是用众筹的方式来筹资却是自古有之。

早在原始社会，生产力水平很低，生产工具极为落后，人们不得不采取围猎的方式来获取食物。那时候还没有"众筹"的名义，却有众筹的实质。猎物即是项目，发起者就是带头捕猎的人，众人就是参与众筹的人。

这与当下的众筹比起来，区别在于人们出的不是金钱，而是力气与高危风险的行动，狩猎成功则人人可以分享食物以果腹，狩猎不成功则有参与者丧命的可能。

那个时代没有"货币"的概念，也没有流通的金钱，那是一个"以物易物"的时代，人们的价值观还局限于物与物之间的交换，认为这才是有价值的事情。人们"众筹"来的猎物如果吃不完，就可以拿出一部分与外人交换另一种食物。因此，"众筹"诞生之初的目的非常简单，就是为了满足人类本能的需要。

当下网络上众说纷纭的众筹，在中国古代农耕社会就有了雏形。在最早的农耕时代，由于生产力低下，农户每家出一头牲畜与其他邻居拼成3头一组用于耕地。这3户人家就众筹了一个中心化"牲畜组"。这3户人家利益均等，都参与"牲畜组"的使用，并且技术娴熟。

通过这种组合形成了现代众筹的四大特点：第一，社交性（邻居关系，相互了解）；第二，去中心化（每家一头牲畜，都有平均调配使用权）；第三，参与感（都能娴熟地使用牲畜耕种）；第四，内生需求（都需要种地，又无法依靠自己的能力完成）。

综上所述，众筹并非什么新概念，而是很早就存在的一种商业模式。

总之，人类自诞生以来，一直是群居的，用马克思的话说，人都是社会化的人。社会就是一个"江湖",有人的地方就有"江湖",有"江湖"的地方就有利益,有利益的地方就有合作,有合作就有众筹,所有的众筹都是为了共同利益。

第二节 众筹在1602年

早在1600年,英国人就成立了全球第一个"东印度"公司,但真正用众筹方式建立现代企业制度和现代金融制度的,却是荷兰。

17世纪,属于冒险家的世纪,那是一个波澜壮阔的大航海时代,由政府许可的商业公司,远渡重洋,寻找传说中的东方神秘大陆的诱人宝藏。

1602年,这股夹杂着探索、冒险、征服、贪婪的浪潮,快速扩展到荷兰,天性热爱贸易的荷兰人对英国模式进行拷贝并创新。他们将英国人"私募"组建公司的方式完全变成"众筹",由对特定人群募资转向对社会大众募资,成立了世界上第一个股份有限公司。这是具有划时代意义的一次创举,是众筹对社会大众资本一次里程碑式的解放,从此普通百姓也有了参与公司投资的机会,使得今天我们倡导的"普惠金融"400多年前就得以实践。

据说,荷兰东印度公司刚成立的时候,贵族范儿十足的西班牙和葡萄牙人根本瞧不上它,他们觉得荷兰人在胡闹,居然找了1000多个阿姆斯特丹卖菜大妈、烤面包大叔做股东。

事实胜于雄辩,荷兰人这种面向大众的筹资方式,为荷兰东印度公司从普通百姓那里筹集到300万欧元的资本,股东中不仅有普通百姓,还有荷兰政府(当时荷兰政府以权力作价25000荷兰盾入股)。

这家带着浓厚草根味道的公司于1602年正式成立，简称VOC，中文翻译为联合东印度公司，就像它的"东印度"系列公司的全球兄弟一样，虽然是公司，但它却掌握着可怕的现代公司难以想象的政府职能，不但可以开展远洋贸易，还可以自己组织军队，甚至发行货币，最为重要的是，还进行海外殖民掠夺。

荷兰这家东印度公司成立之后的五年时间里，公司的规模就超过了葡萄牙和西班牙海上舰队的总和，成为风头强劲的后起之秀。到1669年时，荷兰东印度公司已是世界上最富有的私人公司，拥有150多艘商船、40艘战舰、5万名员工与1万名佣兵，股息高达40%。

当然，在这些"傲视群雄"的成绩背后，却是强盗式的掠夺和殖民统治。1619年，荷兰东印度公司新一任CEO科恩到达巴达维亚，建立了公司新的总部，为了垄断丁香贸易，他将班达群岛上的原住居民杀死或赶走。科恩第二次成功的冒险是建立起亚洲国家贸易体系，将其贸易足迹延展到日本、朝鲜、中国。

1640年，荷兰东印度公司获得了斯里兰卡的加勒，赶走了葡萄牙人，从而打破了葡萄牙人对肉桂贸易的垄断。1658年，荷兰东印度公司围攻斯里兰卡首都科伦坡。到了1659年，葡萄牙人在印度的沿岸据点都被荷兰人夺走了。此外，荷兰东印度公司还在波斯、孟加拉、马六甲等地建立据点。

尽管这段历史沾满了血腥，但就经济意义来说，是荷兰人取得了巨大进步和成功。在17世纪中叶，荷兰东印度公司全球分支机构有上万个，占据全球贸易总额的一半。

具有历史意义的是，众人参与的众筹行为缔造的荷兰东印度公司，成为了历史上第一家上市公司。伴随这家股份公司的出现，荷兰成立了有史以来的第一家证券交易所——荷兰阿姆斯特丹证券交易所，交易唯一的一只股票，当然就是荷兰东印度公司的股票。

荷兰人发明的众筹公司，缔造了现代化的公司制度，完全解放了民间资本，使得普通民众分散的小额财富得以资本化，虽不幸成为帝国扩张的工具，但在客观上成功搭建了现代金融生态体系。

更为有趣的是，正是这种众筹建立的公司，远洋冒险走错路到了当时还是一片荒芜的曼哈顿地区，用商品从印第安土著居民手中换回这大片荒地，并命名为"新阿姆斯特丹"，就是今天的"纽约"，也是全球金融之都。面向大众筹资的公司基因在那时落地生根，为今天华尔街成为世界金融中心奠定了基础。

如果没有1602年荷兰东印度公司的众筹，就没有现代公司制度；如果没有现代公司制度，就没有现代的金融体系；如果没有现代金融体系，美国在政治上就无法赢得南北战争的胜利，经济上就不能建立贯穿南北的贸易体系，也就没有今天的美国。

在一些历史学家看来，中国到了清朝末期，虽然国力衰微，祖宗基业一片狼藉，但是国民生产总值一直让西方列强不敢小视。

数据表明：1870年，中国GDP占世界总量的比重远远高于日本、英国、美国。到了1900年，中国GDP占世界总量的比重落后于美国，但依然领先于日本和英国。从GDP数据看，清末中国绝对是世界强国之一，即使到了1900年，中国的经济实力也依然高居日本之上，至少是亚洲强国之一。然而，也是在这一年，八国联军横扫北京城，火烧圆明园。

那么，从经济的层面看，是什么原因使列强轻松击败世界强国之一的"大清帝国"呢？其实与现代金融制度不无关系。

如果说没有众筹，没有东印度公司的崛起，也许就不会导致中国的百年耻辱。由于近代中国严重缺乏现代金融制度，加之腐败和体制落后，"大清帝国"走下了大国强国的神坛，从此一蹶不振。

第三节　大洋彼岸的解放号角：《JOBS法案》

一个伟大行业的崛起，背后必有一部伟大的法案。这句话用在众筹上一点不为过。

2012年4月，美国总统签署《创业企业融资法案》，简称《JOBS法案》，旨在通过放松金融监管要求鼓励新兴成长型企业融资，以实现加快经济复苏、创造更多就业机会的目标。

这项法案的签署，世界各国"震惊"。为什么呢？

《JOBS法案》共有七个部分，其中第三部分将"众筹"这种具有显著互联网时代特征的新型网络融资模式正式纳入合法范畴，对以众筹形势开展的网络融资活动，包括豁免权利、投资者身份、融资准入规则、与国内相应法律的关系等方面做了具体的规定。

可以说，《JOBS法案》的出台具有重大的意义，它一扫美国股权众筹环境不佳、一度遭受他人嘲笑的尴尬处境。全球顶级咨询机构麦肯锡曾乐观地发声，认为该法案的出台，将促使美国出现下一个苹果、谷歌、Facebook等以理念和技术领先的世界"超级明星"公司。有些传统创投人士也大声疾呼，他们认为投资界的面貌将因此焕然一新，未来人们将依托众筹这一平台彻底颠覆企业传统的融资模式。

《JOBS法案》最大的亮点集中体现在以下两个方面：

第一，根据该法案，企业可以不必向SEC注册，可以公开进行股权融资。《JOBS法案》首先解除了创业企业不得以"一般劝诱或广告"方式非公开发行股票的限制，规定证券发行机构（包括所有由证券发行机构直接控制或共同控制的实体）可以通过公众集资进行证券发行或销售。

第二，《JOBS法案》给股权众筹平台以"集资门户"的合法地位。创业企业发行或出售证券应通过经纪公司或"集资门户"进行，今天的众

筹网站就是"集资门户"的一个具体形态，由此获得相应的法律地位。

众筹模式突破了以往由投行等机构主导的公开发行模式，降低了初创公司和普通公众参与股权投资的门槛，它担任的角色与传统证券交易商存在明显差异，介于私募发行中介与公开发行中介之间。《JOBS法案》明确免除了众筹平台登记成为证券经纪商或证券交易商的义务。

第四节　众筹的世界市场

世界上最大的互联网众筹平台Indiegogo创始人说："'众筹'这个概念的历史要早于互联网。"他最喜欢的一个例子是，世界闻名的自由女神像曾因为资金短缺问题而无法顺利地安置在纽约港口。

当时的纽约市长决定用大众集资的方法，将这个来自法国盟友的礼物竖立在纽约港口。1884年，著名的新闻家Joseph Pulitzer运用当时最流行的和大众交流的工具——报纸，发布了这则消息。他通过他的报业New York Word发放宣传单，鼓励纽约市民为自由女神像的底座捐款，以维护纽约市的荣耀。

这个大众集资项目运行了大约6个月的时间，最终得到了12.5万人的捐款。从小孩到老人，从商界大佬到普通百姓，甚至是生活在社会底层的贫民，都为这个计划献出自己微薄的力量。最终筹募到100 091美元的款项。

100 091万美元的筹款项目即便在今天也是一次惊人的成功。

在美国，Indiegogo是回报型众筹平台的典型代表。在美国之外的其他地区，也成长着类似的平台，例如Pozible，是2010年在澳大利亚建立的，当时它用的是Fund Break这个名字。Pozible在2012年一共募集到580万美元的款项，支持了1903个项目的发展。

到了2012年4月，美国通过《JOBS法案》，允许公司公开宣布融资的消息，敞开了创业企业进行股权众筹的大门。该法案细则为美国重要

第二章 众筹的起源及在国外的发展

的一次新股发行、股权制度改革开放了融资的限制，同时也要求股权众筹者每年通过股权众筹的方式募得的金额不得超过100万美元。

据2014年上半年的统计，美国国内众筹案例近5600起，参与众筹投资人数近281万人，拟募资金额共10 426.99万美元，实际募资金额21 508.61万美元，募资成功率为206.28%。在这样的背景下，美国多家股权众筹平台陆续通过资本市场，一方面通过平台为项目筹资，另一方面在平台上开启网站自身的众筹之路。

众筹的发展过程，如图2-1所示。

2012年，美国总统签署《创业企业融资法案》

2009年，Kickstarter上线，定位创意方案的众筹网站平台

2008年，Indiegogo上线，定位综合类大众众筹平台

2006年，第一个面向非签约艺人的音乐类垂直众筹平台上线

2001年，第一个众筹平台ArtistShare上线

1997年，英国乐队Marillion通过网络的方式筹集去美国巡回演出的经费，最终从乐迷那里筹到了6万美元

1884年，为了修建美国自由女神像底座，在6个月内从12.5万人那里筹到了超过10万美元的资金

17世纪，以征订的方式出版书籍，并在书籍上鸣谢出资者

图2-1 众筹的发展过程

第三章

众筹在我国的机遇和挑战

众筹多通过互联网发布筹款项目并募集资金，相对于传统的融资方式，众筹更为开放，只要是大家喜欢的项目，都可以通过众筹这种方式获得项目的启动资金，为更多小本启动经营或创作的人提供了无限可能。

众筹融资

——"双创"时代企业变革新路径

第一节 众筹模式在我国的发展机遇

众筹最早在2011年来到中国，一批众筹网站平台相继成立，其中绝大部分是以募捐型众筹模式出现的。

众筹这种新的募资方式很快就引起了不少争议。一部分投资者非常看好网络股权众募，也有一部分投资者觉得众筹存在很大的商业风险，因为创业公司本身项目风险巨大，且存在信息披露与公司治理的诸多问题。另外，投资者也很难判断融资项目是不是一个真实的创业公司，遇到诈骗的陷阱怎样办？

随着互联网金融的发展，监管机构也开始介入并制定相关规章制度，但综合来说，监管机构是鼓励互联网金融的发展的，央行曾指出，"随着互联网技术对金融领域的不断渗透，互联网与金融的深入融合是大势所趋"。

在众筹领域我国同美国的数据对比，如表3-1所示。

表3-1 众筹领域我国同美国的数据对比

对比指标	项目数量（个）	已募集金额（万）	参与人数（个）	预期募集金额（万）
美国	5513	21 508.61美元	2 805 553	10 426.99美元
中国	1423	18 791.07元	109 174	206 276.38元

中国经济经历了改革开放40多年的飞速发展，金融市场从效率低下的政府主导的初级阶段，向高效而活跃的市场经济阶段过渡，这个过程促使金融模式不断创新并成为经济发展的趋势。随着金融与互联网的交叉渗透，互联网的经济模式已经孕育出具有强大竞争力的创新金融模

式。比如，网络金融载体的第三方支付（以支付宝为代表）、P2P（人人贷）、新型的融资方式众筹等。特别要指出的是，众筹融资作为一种新型的金融手段，在国内外尚属于新兴市场，发展前景值得期待。

从发展程度来看，国内的众筹市场处于发展初期，未来还有很大的发展空间。目前国内众筹网站众多，发展情况参差不齐，在市场竞争中会随时加入新生力量，也不乏一些铩羽而归的网站。

就目前的众筹模式运转来看，主要以奖励众筹为主，少量机构开展股权众筹。除了目前市场上呈现的网络同质化高、融资规模不大、法律风险高等外部因素，市场起步对众筹项目发起方、投资方及众筹平台都提出了更高的要求。

1. 发起方：经验不足，盲目乐观

（1）创业者及项目发起方大多经验不足。项目发起方对产品的质量、投放市场的方式、产品的宣传推广等方面缺乏独立运作的能力。在现有情况下，众筹网站需要在项目发起人的培训与项目的宣传推广方面投入大量的精力，帮助发起方推动目标实现。

（2）项目发起方对项目预期始终保持乐观态度。这种乐观不仅体现在对项目是否成功的预判上，还体现在最终能否完成项目并提供预期的回报上。但事实却是，超过60%的项目无法完成融资。一项研究发现，Kickstarter众筹平台上科技与技术领域的项目中有75%的项目不能在众筹成功后按时兑换回报。在项目推进过程中，"稚嫩"的市场和信用体系给项目落实带来困扰，因此需要平台方加强过程中的管理和监控力度。

（3）项目的版权问题。我国在知识产权立法和保护，以及市场参与者意识上，还处于一个需要大力发展的阶段，创意项目的投放无法真正规避迅速被抄袭的风险，也导致劣币驱逐良币的现象。比如，"众筹咖啡冲泡过滤系统"项目，最初想在90天内获取5000元的资助，但很可能在项目发布并筹资的过程中,创新和特色被其他商家借鉴,他们或许很快就会推出同样的产品。

2. 投资方:习惯买家的角色,而非投资者

经济、文化、国民教育等方面的因素,以及民众的收入水平、对众筹的认识等,都会对众筹产生较大的影响。实际上,众筹属于偏中高层认识水平的融资模式,部分众筹项目的回报不是资金,但却更有意义和价值,如精神价值和广泛交友的价值。但由于我国整体收入水平偏低,这条路任重而道远。

国内投资者习惯于买家的角色而非投资者,他们对物质产品更感兴趣,而鲜少对企业家精神和创新精神提供支持。多数项目的支持者缺乏判断项目的能力,对众筹项目无明显利益回报的模式缺乏兴趣,众筹模式在这样的投资环境下操作难度很大。

3. 平台方:多重困难,多重挑战

在国内,众筹市场尚处于发展初期,众筹项目的平台方遭遇的困难和挑战相对更多。

(1)对市场的敏锐度和多种行业经验的要求。在市场不成熟、支持方的辨识能力尚不充分的阶段,平台方需要具备对不同领域项目的筛查能力,以及市场敏锐度。比如开展科技项目众筹,需要对新发明有很强的捕捉能力;娱乐众筹,离不开文艺界资源的推动;金融众筹,需要对金融产品的运作知识和法律规则有一定的把握,等等。

总之,平台方既要保证平台项目的吸引力,又要使项目本身具有众筹价值和一定的市场认可度。

(2)对项目风险的控制。作为平台方,一方面,需要不断地对平台系统进行优化,对众筹项目的发起人进行严格的审查,确保发起人信息的真实性;另一方面,项目执行的管理也是一种挑战,项目发起方如何保质保量地反馈投资方权益是一个不断完善和探索的过程。

（3）平台方承担更大的行业推动责任。国内众筹模式在发展初期，一方面需要保护行业的发展，鼓励多样化的众筹经营；另一方面，还需要不断地培育市场，带动更多的人接受和认同这种新理念，同时要加强对项目方、支持方的众筹意识培养。

第二节　众筹在我国商业模式的突破

作为互联网金融的融资模式之一，众筹具有巨大的想象空间。一方面，移动互联网技术的普及，建立了投资人和项目发起人有效的实时沟通渠道和平台，这将贯穿整个众筹项目周期。在这个过程中，众筹项目能构建起有效的在线服务化网络，使投资人和项目发起人形成社区，并传递信任。另一方面，众筹的蓬勃发展也将在整个社会建立创业文化，包括推进共享办公室（蜂巢）、孵化器、加速器等，提供辅导和相互学习机会，创造与投资人的沟通桥梁。

众筹市场在我国必将被"引爆"，掀起众筹融资的热潮。众筹平台具备巨大的想象空间，可以演变出各种各样的商业模式，具有巨大的商业价值。众筹不仅能带来投资收益，还可以为广大的创业者提供资金和技术支持，发挥创业者的优势，支持新兴创业势力，推动社会经济发展。

我们知道，众筹的种类很多，有回报型众筹、债权型众筹、股权型众筹、募捐型众筹等。从社会意义的角度出发，众筹可能出现以下商业模式。

1. 产品"重生"的舞台

利用众筹平台，项目发起人可以向投资者展现他的产品和服务，好的产品不会因为缺乏资金的支持而轻易被抛弃。设计师可以将自己设计的产品放到众筹平台上接受消费者的检验，如果他的产品得到了大家的一致好评，具有市场价值，就可以通过众筹平台汇集到资金，找到厂家来生产他所设计的产品。这个众筹项目不仅可以为投资者和生产者带来收益，同时还可以实现设计师的自我价值。

这种商业模式还适用于服装设计师、家居设计师、工艺品设计师、玩具设计师、灯具设计师、广告设计师等。一旦众筹平台连接起这些具有实力的设计师、生产厂家，商家和投资者将会迅速帮助设计师进行工业化生产，帮助这些产品占领市场，获取高额收益。设计师在实现自我价值的同时也帮助了缺少设计人才的生产厂家，商业想象空间和市场巨大。一旦有一两件影响大的成功案例，将会迅速引爆众筹平台，进入人人众筹的时代。

2. 高科技产品推广的平台

借助社交媒体、大数据、移动设备、传感器、定位系统的五大原力，人类社会即将进入场景时代，人们的生活和社会行为都将数据化。各种类型的传感器、可穿戴设备的出现，必将给人类带来一次新的产品革命。由于其市场巨大，很多厂家都在投入资金进行开发。

可穿戴设备需要大量用户进行测试，进行产品功能和外形的改进。借助众筹平台，可穿戴设备可以快速吸引更多的客户注意，吸引用户参与测试，提供反馈报告，并且为自己的产品进行免费宣传。同样，像可穿戴设备这些创意类产品可以为众筹平台带来客户，增加客户的黏度，提高众筹平台的商业价值。众筹平台也可以吸引专业风险投资机构的加入，为这些高科技产品提供资金支持。

可穿戴设备这类高科技项目涉及的投资较大，对于债权众筹和股权众筹并不是很适合。但回报众筹可以帮助这些高科技产品找到目标客户，同时利用平台的反馈来升级产品。众筹平台网站具有客户来源广泛、客户文化程度较高、客户较为专业的特点。

高科技产品利用众筹平台进行回报众筹是一种双赢的模式，既有利于宣传企业产品，又有利于提高众筹平台的知名度，如果良性发展下去，市场空间巨大。国产的高科技产品众筹市场还在发展中，众筹自身的商业模式也并不成熟，急需一到两个项目来引爆这个市场，高科技的可穿戴设备应该是一个比较好的引爆点。

3. 艺术家的"大众经纪人"

艺术家成长的道路是充满艰辛和苦涩的，会面临很大的压力，如果艺术家的作品没有用户的支持，很多艺术家会中途放弃。有的艺术家可能会屈于某种压力，放弃自己的个性，丧失了艺术家的独立性，成为模子化的庸才。

借助众筹平台，艺术家完全可以向社会展示其艺术作品，无论是油画、雕塑还是工艺品。艺术家通过众筹平台来募集资金，办展览或生产艺术作品。借助众筹平台，艺术家可以展示自己的才华，得到用户的认可，还能通过平台听取广大用户的建议，对自己的艺术作品进行再创作，寻找新的灵感，升华自己的作品。

总之，众筹平台不仅带给艺术家资金支持，还带给艺术家更多用户的支持和鼓励。支持者通过众筹平台来帮助艺术家成长，成为艺术家的"大众经纪人"，同时获得资本收益。

目前，国外已经有众筹平台为艺术家筹资，通过画展、艺术讲座、工艺品生产等方式帮助艺术家创业，其成功的商业模式吸引了大量用户，并获得了较好的效果。

众筹平台不仅打通了艺术家与客户之间的信息通道，还借助众筹平台，让人人都可参与艺术创作，吸引大量的艺术家和用户，增加客户的黏度，形成用户规模，提升众筹平台的用户价值。

4. 软件开发者的天使投资人

当前已经进入软件定义的世界，我们使用的很多智能产品，其实质就是软件功能。无论是智能家电、手机应用、可穿戴设备、智能医疗产品，还是大数据商业应用，其后面都是传感器加软件应用。

目前，软件应用正向APP的趋势发展，只需要几个软件开发工程师，就可以在几天的时间内完成开发工作。软件的开发工作正逐步从大规模的商业化生产走向具有独特洞察力的软件精英的发明创造。过去很多互联网企业包括美丽拍、豆瓣、猜猜看等，都印证了独立软件开发者的成功。独立软件的成功正在从团队合作的模式转向"软件天才"的成功。

借助众筹平台的融资功能，"软件天才"可以通过平台展现他们的创意，在得到资金支持后加速产品的开发。众筹平台带给他们的不仅是资金，还有对他们未来的支持和鼓励，同时也可以帮助他们找到志同道合的伙伴，收集大量的用户反馈。众筹平台可以成为"软件天才"的天使投资人，它没有其他天使投资人强势文化的缺点，尊重软件开发人才的自由成长，成为"软件天才"的忠实支持者和用户。

5. 社会企业和慈善事业的新平台

目前，我国的慈善事业正在从政府统筹、社会捐款的形式走向企业和个人独立发起慈善活动的形式，出现了各式各样的慈善平台和慈善方式，知名的慈善平台如浙江金华的施乐会、李连杰的壹基金、腾讯公益等。众筹平台自身的特点，很适合发布慈善活动，比如发起捐赠众筹，实现"我为人人，人人为我"的目标。公益慈善事业可以帮助更多需要帮助的人，实现社会的和谐正义。

借助众筹平台，可以发起形式不一的慈善活动，比如捐助钱款、捐赠衣物、义务支教技能培训、产品销售、公益培训等。众筹平台的透明度较高，专款专用，有利于大众进行监督，平台可以收集慈善获益方的反馈，推动慈善事业的扩大发展。众筹平台也可以作为企业产品和服务的展现平台，帮助企业进行产品推广，增强人们对于企业的关注度，支持企业的发展；同时众筹平台也可以进行资源整合，为企业发展提供良好的环境。

6. 社交活动另一个平台

主题演讲、名人讲座、读书会、产品发布会都可以形成社交圈，这些线下的实体活动可以通过众筹平台来组织，通过众筹平台建立一个成熟的社交圈，聚集各类人才。

众筹平台的一端可以是财经作者、产品设计师、网络小说家、自媒体人、影视剧本创作人、企业等，另外一端可以是用户、消费者、个体投资者、专业人士、投资机构等。众筹平台利用其平台优势，使人人参与产品设计，人人都是设计师，人人都是用户，人人都是消费者；众筹平台利用其平台优势，将创业人才和资金、用户连接起来，既有利于创业者自身事业的发展和产品的完善，同时也有利于社会资源的整合，为投资者提供投资平台，为愿意帮助别人的人提供舞台。

众筹平台通过以上商业模式，将产生巨大的商业价值，同时对社会资源合理配置起到积极的作用。

众筹这种商业模式的积极意义在于：为个人创业者提供另一个人生舞台，为其提供资金和用户；为具有市场的产品提供重生舞台，避免资源浪费；帮助筹资者实现个人梦想，同时帮助投资人实现资本增值；打造专业的社交圈子，利用认知盈余，开启人人时代；为社会企业和慈善事业提供舞台，实现人人互助，推动社会公益发展。

第三节　中国式众筹超越发达国家的机会

经济学研究的重要课题是如何有效配置资源。在理想条件下，资本总是流向产出最高的部门，通过追求自身回报最大化的行为促进整体社会财富的积累。

然而，在现实世界中，资源往往无法得到最有效的利用。市场解决这个问题的方法很简单，一方面，由专业的组织代替资源所有者行使配置资源的权力，例如风险投资基金；另一方面，通过人为地设立规则，促进对资源的有效利用。几百年来关于现代公司制度的不断进步和完善，从某种程度来说也是服务于此目的。

当下，随着互联网技术的不断发展，信息传播的成本也在大幅下降，众筹被赋予了更多的表现形式和实现空间，并被证明为更加符合这个巨变时代的一种发展模式——人与资本组合的价值最大化。

改革开放以来，中国的企业一直希望能够具有全球的竞争实力，而现实是大部分企业一直处在一种跟随、学习和被动发展的过程中。这里面有技术的原因、资本的原因，也有人才和机制的原因。

众筹模式的成长方式，是基于人与资本组合价值最大化的方式。领先的跨国企业与中国企业之间最后的差距，一定是人力资源的差距。如果我们的企业不能切实解决如何发挥人的价值的问题，我们也就无法真正走到领先的道路上。关注华为的人一定关注到"以奋斗者为根本"的核心理念，如何让更多的企业和管理者以一种更加容易的方式来释放人的价值，这就是"中国式众筹"。

基于互联网平台发展起来的众筹融资模式，在发达国家兴起的10多年时间，由于它们拥有较完善的投融资体系，更成熟的社会契约文化，"众筹"更多地体现为交易型融资；而在中国，由于独特的文化基因和制度环境，"中国式众筹"的核心不是"筹资"而是"筹人"，即将众筹项目未来发展所需的资源提前锁定为股东，变外部交易为内部合作，以资源匹配、激活和置换实现共赢。通过众筹项目对股东的正向回馈，增强股东在过程中的参与感、归属感，使其不再简单扮演出资人的角色，而是主动地将自有的资源和众筹项目进行组合。与此同时，建立众筹参与者须由成员推荐的机制，借助熟人圈的约束力，降低可能存在的

道德风险。

总之，中国式众筹，其核心是精挑细选具有共同价值观、共同愿景的可靠的人。这其实是一种"人才众筹"的概念，类似于企业IPO，将人才未来创造的收益提前变现。投资人"购买"该人才的一部分"股票"，而被投资人则通过让渡自己未来的一部分收益权增加现阶段的财务自由，从而能够更加专注于价值创造的工作本身。这样的人才可能是优秀的学生、创业者、企业高级管理人员，也可能是拥有稀缺专业能力的人。在人力资源严重错配的当今社会，通过"人才众筹"将优秀的人才从桎梏中解放出来，具有重大的意义。

要想通过众筹成就一番事业或迅速而稳定地壮大已有的事业，就必须善于编织人际关系网，不管是线上的各种圈子，还是线下的各种人际网络。只有具备了广泛而严密的人际关系网，才能够在关键时候找到替自己解决困难的最佳人选。否则，等到问题出现时，你便会像一只无头苍蝇般到处乱闯，不仅花费了人力、物力，还不容易找到得力的人。

众筹项目发起人要想获得成功，需要具备两点优势：优秀的专业知识技能和超强的人际关系网络。在这两个主要因素中，人际关系的作用要远远超过专业知识技能。有人或许会问："既然人际关系的作用这么重要，为什么不把大量精力都用在建立人际关系上，何必要花费那么多的精力和时间去学习专业技能呢？"原因有两点：

第一，人际关系不能取代专业知识技能。众筹的目的主要是融资，但是融资不是项目发起人的最终目的，最终目的是融资之后的经营，给投资者的回报。要想在某个行业崭露头角，必须要对这个行业的情况有深入的了解。不仅如此，熟悉相关行业的一些有价值的信息也非常重要。这样做的好处是：能够充分了解本行业中的最新信息，认识到最新信息的价值，进而根据信息价值采取相应的行动，或者利用新信息来引导潮流，激起一股抢购热潮，或者紧跟潮流，不放过任何可以赢利的机会；能够发现新技术的实用价值，然后根据具体情况决定是否引进，从而避免因设备、技术方面的落后造成自己的竞争实力下降。

第二，优秀的专业知识技能有利于建立人际关系。建立人际关系的根本目的还是为了促进自我发展，也就是能够保证在众筹成功以后，项目得以顺利进行。

在做项目的过程中，能够使客户产生合作兴趣的因素有很多，而最突出的是专业知识技能。因为在与客户洽谈的时候，一旦具备过硬的专业知识技能，就能够从言语中表现出自己对本行业发展趋势的独到观点，让客户感到找到了内行，从而愿意合作。如果合作进行得比较愉快，便会有第二次、第三次的合作。由此，合作方还可以介绍一些本行业的其他客户给你，让你的客户越来越多。

因此，众筹项目在运作之后，重视人际关系的同时，也不能忽视专业知识技能的培养。

要想成就一番事业，就应该抛弃常人的肤浅眼光，不为眼前利益蒙蔽，要注重做长远投资，建立稳固而又完善的人际关系网是长远投资的方式之一。

随着社会竞争日益激烈，优胜劣汰已经成为人们的共识。这种现象虽然带给人们更多的压力，但同时也是前进的动力。

优劣之分，也就是人与人之间的实力差异。一个人的实力大小包括很多方面，常见的有资金、社会地位和人际关系。这些因素之间相互联系，如果能将它们有效地结合起来，便能够产生意想不到的效果。

比如，有的人具有大量的资金，本想利用这些资金来成就一番事业，结果却因为难以找到合作伙伴而将这些钱存入银行；有的人却能够通过人际关系找到发展势头良好的行业和志同道合的合作伙伴，从而加速资金的积累，把自己推向财富的顶端。通过朋友圈参与众筹就是一个很不错的渠道。有的人虽然有很高的地位，却将自己的"名人效应"白白浪费掉；而有些人却凭着自己的"名人效应"参加了各种各样的盈利活动，比如拍广告、参加演唱会等。

在资金、社会地位和人际关系中，人际关系的作用显得更为重要。当与众多的竞争者站在同一起跑线上时，前面有人向前拉着你，后面有人向前推着你，你的前进速度自然比其他竞争者快；相反，如果前面有人向后推你，后面有人向后拉你，你不仅难以前进，甚至有倒退的可能。

俗话说，"一人抬十人难，十人抬一人易"，这个道理用在众筹上非常恰当。如果项目在发起阶段就能够不断得到支持者的帮助，成功也就容易得多。为了得到更多人的支持和帮助，就要学会与他人建立良好的人际关系。无论是在生活还是工作中，我们都会遇到各种各样的人，在这些人中，往往存在着一些对你事业有帮助的人。至于你能不能得到他们的帮助，关键在于你愿不愿意与他们打交道。

在我国，众筹的直接作用是可以改造升级传统的社会组织，因为它更加灵活、透明、去中心化，更容易实现资源的整合。甚至未来的商业组织构建也可能采用众筹模式，首先要设计好商业模式和利益链条，剩下的工作就是配置资源、提供产品和分配利润。

此外，众筹还可以帮助创业者和人才实现价值创造，进而为区域经济增长注入活力，优化资源配置。未来社会是一个"众筹、众治、众享"的社会，它要求每一个人都贡献自己的价值，同时也保证每一个人在公认的规则上获取利益。众筹的未来是"自由人的自由联合"。

那么，众筹在我国究竟是个多大的机会呢？

据世界银行最新的报告称，中国会在2025年成为世界上最大的众筹投资方，为预计达960亿美元的市场贡献近一半的资金。

狄更斯在他的作品《双城记》中有一段话："这是最好的时代，这是最坏的时代；这是智慧的时代，这是愚蠢的时代；这是信仰的时期，这是怀疑的时期；这是光明的季节，这是黑暗的季节；这是希望之春，这是失望之冬；人们面前有着各种事物，人们面前一无所有；人们正在直登天堂；人们正在直下地狱。"这也许是我们这个时代最好的诠释，一切都在于你如何去面对，如何成为时代的弄潮儿！

第四节　平台交流才是产融众筹的关键

众筹被称为"低门槛创业神器"，无论是众筹网、点名时间等中文众筹网站，还是Kickstarter、Indiegogo等国外众筹网站，只要拿起鼠标，任何人都可以发起项目向社会筹资。

然而，跳过了与银行和注资方绞尽脑汁的周旋过程，并不意味着就能让人们快速掏钱买单。事实上，众筹成功的精髓在于发动众人，将打动一人的难度分摊到茫茫互联网用户群中。众筹是机遇也是挑战，尤其考验一个人的社会交际能力。

1. 社交网络：众筹的扩音器

即使把精力全部放在搭建某众筹平台的项目页面上，即使众筹平台本身很有名、项目描述图文并茂，也难以迅速取得成功。众筹网站上同时推出的项目众多，涵盖科技、美食、文艺等方方面面，极其容易分散人们的注意力，这时候就需要社交网络的助力，让项目的创意被更多人了解。

社交网络在众筹领域担任着扩音器的角色，不同的社交途径和平台犹如不同品牌的音响设备一样，有着不同的传播质量。现实生活中，个人魅力和名声越大，做起事情来就越容易，这也是最合理利用人际关系的结果。在互联网上，巧用社交网络将会使你的项目成为茫茫互联网用户群中的磁石，将真正适合的人群吸引到你的项目上来，而非靠小团队去大海捞针。

线下推广众筹的社交途径包括在亲朋好友之间介绍自己的创意，通过抓住对方的好奇心和需求，让对方认可自己的项目，再通过口口相传把自己的创意推荐给更多的人。

除此之外，线下发展社交的途径还包括主动寻找、利用媒体资源，将自己的项目创意与该领域的媒体记者进行交流探讨，细心听取他们的意见，配合媒体报道需求提供资料，将项目的创意在业内传播开来。如果有幸获得行业权威人士的公开点评，必将受益匪浅。

由于众筹需要尽可能多地发动群众，让大家一起来支持某个项目和创意，因此社交网络是必不可少的线上推广途径。利用社交网络推广自己的众筹项目并非单纯地在不同网络平台上发布同一事件信息，而是需要选择目标受众聚集的平台，为自己的项目公关，与网友发起互动，甚至公开接受各种发问，这些才是利用线上社交平台推广众筹的关键所在。

2. 社交平台：把普通用户变成支持者和所有者

曾有人说，少数中国人参与众筹的动机可能是基于项目的升值潜能，始终离不开投融资的评估体系，而很多西方人参与众筹更多的是基于公益性或个人的梦想，纯粹是支持新鲜事物的消遣娱乐心理。事实上，正是因为有了成熟的社交平台的辅助，众筹在不同的文化环境中才变得多元化。

在我国，最常见的众筹模式依然是回报众筹。从商业和资金流动的角度来看，回报众筹的所有项目不以股权或者是资金作为回报，项目发起人不能向支持者许诺任何资金上的收益，而必须以实物、服务或者媒体内容作为回报。

然而，社交平台为人们的沟通交流提供了极大的便利，让出资者有了更多参与其中的动力。大家聚在虚拟平台上从零开始筹划一个项目，一笔一画地勾勒出轮廓并填充完整。这一过程赋予人们主人翁的存在感，有了既是支持者，也是所有者的感觉。

因此，社交平台的发展成熟为众筹模式注入了更多的新鲜血液，不仅可以筹集资金，还可以筹集创意、人员。借助社交平台的力量，众筹的凝聚力变得更强，效率也更高。

如今，越来越多收入稳定、视野开阔的年轻人倾向于通过事先报名、计算人数、分摊费用的方式举行不定期的聚会，这便是众筹的社交衍生。

此外，电影等文化产品也在众筹领域快速发展，越来越多的具有创造性的普通大众通过出资捐助的方式参与到制作团队的讨论中，成为创作者，大大增强了自己的参与感。社交平台与众筹，已经在潜移默化中互相融合。

3. 网络招商加盟

如今很多企业都在做网络招商加盟。通常网络招商加盟都要建立招商加盟网站，开拓一个新的阵地。招商加盟最主要的是让产品好卖、项目好卖，所以就要对项目进行包装。

（1）要求有一个招商加盟型的网站。有了这样的网站阵地之后，客户通过网站就可以对企业先做一个全面的了解，这样比较容易促成加盟。

（2）要做好加盟信息的推广和宣传。可以在B2B平台上发布加盟信息，宣传信息最好发到多个网站上。

（3）要在行业细分网站上投放加盟广告。每一个行业都有自己行业的网站，在行业细分网站上宣传自己，或者自建一个B2B的行业门户网站，这也是一个不错的方法。如果一个企业建立了B2B的行业网站，这一行业还没有其他竞争对手，这就建立了行业的巨大优势。

行业细分网站是具有中立性的公共平台，做好这样的网站，相当于自己建立一个行业协会，主办的企业就是会长。有了这个身份，可以积

累更多潜在客户，而客户对企业的信赖感会大大增强。

（4）可以在创业论坛和地方性论坛上发布软文。有一个常用的模板是讲述自己的创业故事。先是创业如何艰难，后来通过什么项目获得成功，然后别人来加盟他的项目。通常客户是先认可他这个人，然后就很容易加盟他的项目。当出现一个项目，如果有人站出来宣讲自己如何获得了成功，这样更能吸引其他人的加盟。

做招商加盟的时候，通常需要很多故事，要对比，要塑造。故事要足够真实，足够感人，足够打动人心，要让大家产生共鸣。

品牌是由两大要素组成的，品是指品质、质量，而牌指的是企业的声音、推广和宣传。有很多好的产品得不到宣传，这个时候完全可以通过招商加盟的方式来进行宣传推广，同时投放一些带有关键词的广告。

古代用的钱都是金属货币，流通时间长了，经过磕碰就产生了残缺，大家在买东西的时候都想把残缺的钱币用出去，把好的钱币自己保存起来。于是所有残缺的货币不断地在市场上流通，磨损越来越严重，结果市面上流通的全部都是劣币，这就是"劣币驱逐良币"。

因此，如果好的项目不做推广宣传，不做竞价排名，不做广告，就会让糟糕的项目抢占创业者的市场位置，让创业者陷入窘境。

第四章

众筹的筹资方法和技巧

淘宝的成功，让马云跻身世界财富排行榜，而用好淘宝的卖家也很"牛"，他们也是成功的商人。同样的道理，众筹平台是新型的融资平台，那么，如何玩转众筹？众筹又有怎样的筹资方法和技巧呢？

众筹融资

——"双创"时代企业变革新路径

第一节　众筹来袭，你要做哪些准备

互联网众筹已经在中国大放光芒，它可以通过在互联网上的传播效应，将一个个看似并不起眼的小创意、小设计、小研发带来的小改变，引起有兴趣和愿意支持的人的关注，从而将这些小改变落到实处，帮助这些有创造能力但缺乏资金的人实现创业梦想。

聚众人之力量和资金，来完成某件事情就是众筹。众筹是"多数人资助少数人"，具有低门槛、多样性、依靠大众力量、注重创意的特征，这些特征尤其能吸引年轻人。

一、如何利用众筹引资创业

如何利用众筹引资创业，通常需要做到以下几点：

第一，发起众筹之前要弄清楚众筹的目的或者目标是什么，不能为了众筹而众筹，否则就失去了众筹的意义。

第二，根据众筹的目的选择对应的众筹模式。例如，众筹的目的如果是为了募集资金的话，我们就可以考虑采用股权众筹和债权众筹的模式。

第三，在确定了上述因素之后，要学会论证具体的众筹方案是否逾越了政策和法律的红线，如果逾越了红线就必须要做出调整，在这样的基础上制定出众筹规则。

第四，为了规避不必要的争议，应该在每一个主体之间以及每一个环节之间建立起法律关系，把具体的流程细化，把每一个环节都转化为法律问题，然后固定下来，这样就能做到权责分明，不会有模糊地带和歧义。

二、选择众筹的平台与众筹的目的

1. 选择众筹的平台

第一类众筹实施的路径是平台式，也就是线上众筹，依靠独立的、专门的众筹平台来发布众筹项目。这种模式就是：发起人——众筹平台——参与人（投资人）。

第二类众筹实施的路径是非平台式，也就是线下众筹，即由发起人自己发起的众筹项目。该模式相对简单，即发起人——参与人（投资人）。

2. 众筹的目的

筹集资金是众筹最初的目的，也是常见的众筹目的之一。很多时候我们没有办法知道自己的产品是否受客户的青睐，那么不妨通过众筹来验证产品，从而锁定客户。

三、详解众筹的流程和事前准备

众筹的准备工作遵循以下几个步骤：

第一步，发起众筹项目之前，需要做的第一件事就是做市场调研。没有调查就没有发言权，你首先要做的就是尽可能多地收集数据，依靠这些数据得到我们想要的结论。然后，制作一个市场调研表，分时间、分地区、分情况地利用市场调研表进行线上线下调研。

第二步，统计市场调研的所有数据和各种资料。可以根据不同的地区、不同的时间和不同的市场进行小部分统计，但一定要按照适合的标准进行统计才可以得出想要的结果。

第三步，分析所有统计的数据，并且根据相关表格做好总计，分析出结果。没有结果的统计分析是无效的，所以统计分析一定要有结果，哪怕结果并不是最终众筹项目想要的，但至少可以知道项目是否能够继续。众筹的项目实施流程和路径都非常重要，一定要谨慎执行。

第四步，判断众筹项目是否可行，并根据调研数据进行优势与劣势分析。根据数据分析结果，以及自己团队的现实情况，就能初步判断众筹项目是否可行，是否继续执行众筹项目。众筹的发起要建立在知法、懂法、守法的基础上。

第五步，制作众筹项目演示PPT，写明众筹项目的目的及意义。一个好的众筹项目，一定有一个好的演示PPT，可以明确告诉大家为什么要众筹，众筹的市场价值、目的和意义。在演示PPT中，众筹项目的市场价值尤其重要，是应该重点加以说明的。只有说清楚了市场价值，才可以吸引别人来众筹。然后，演示众筹项目的进入机制及退出机制。众筹是大众自愿的行为，让大众明确进入机制和退出机制才能赢得他们的信任。最后，众筹项目的优势、劣势以及市场机遇与挑战，也应在PPT中演示清楚。一个项目必然有其优点和缺点，有其价值也有其无价值的地方。

第六步，广泛进行目标人群宣传。"酒香也怕巷子深"，所以要广泛地开展目标人群宣传，通过互联网获得更多的受众。网络的传播是无限的，在互联网上做宣传会进一步扩大知名度，让更多的人关注、参与。其次，通过自己的人际圈子进行宣传。人际圈的宣传是最直接也是最有效的方法，不仅自己参与其中，也让身边的朋友参与其中，大家一起努力。最后，计划定期宣传活动。如果有条件，在众筹项目开始之前的一段时间，要定期举办宣传活动，让大家知道众筹项目的目的、意义和市场价值，以及参与的受益点，等等。

第七步，寻找领投人和核心合作伙伴。首先，寻找有实力、在当地有影响力的人做自己众筹项目的发起人和领投人。一个地区的众筹项目需要当地的大力支持，有号召力和影响力的人能够帮助项目更快获得成功。其次，寻找志同道合的商业合作伙伴加入众筹项目，做核心发起人。如果大家志向不同，那么无论如何也不可能把事业做好，众筹合作伙伴也是如此。最后，开拓新的人际圈子，增强众筹项目的影响力和号召力。只有不断认识新的人物，不断扩大交往的圈子，才能让你的众筹项目被更多的人知道，从而扩大其影响力和号召力。

第八步，吸引人才，组建团队。首先，吸引高级营销人才。没有营销就没有推广；没有推广，项目就不会被大家所知晓；不被大家所知晓，众筹项目的意义就不存在了：任何项目的成功都需要高级营销人员的助力。其次，吸引服务意识强的服务人才。一个团队，一定要有具备服务意识的人才算是完整的，没有服务意识，就很难获得客户的信赖，所以，对于众筹项目，一定要吸引有服务意识的人。再次，吸引具有法律知识和资质的人才。在这个竞争激烈的市场经济社会，不懂法律就寸步难行，尤其是一个好的众筹项目，必须要有具备法律知识的人才的支持和帮助。最后，吸引运营管理方面的人才。一个项目的成功运作离不开运营管理人才的加入，只有更多的人才才可以推动整个项目的不断进步与发展。

发起众筹还应注意：众筹融资区别于股权、债权融资。众筹平台要求项目发起人不能以股权、债权或是资金作为对支持者的回报，而且不管是项目发起人还是作为平台方的我们都不能向支持者许诺任何资金上的收益。对支持者的回报必须是以实物（如产品、出版物），或者媒体内容（如提供视频或者音乐的流媒体播放或者下载）的形式。支持者对一个项目的支持属于购买（预购）行为，而不是投资行为。

四、众筹项目的禁忌

发起一个众筹项目，如果不注重一些禁忌，很容易竹篮打水，一场空。

禁忌一：盲目性大，对目标市场不了解。

开展众筹项目，前期准备工作要充分。首先是对创业项目和目标市场的了解。很多创业者的众筹中没有表现出任何调研过市场的痕迹，或者调研样本太少，或者根本没有调研样本。不了解目标用户的喜好，甚至没有目标用户定位。

这样的情况，投资人如何放心把钱投给你呢？

禁忌二：空谈市场，不谈自己的项目如何切入。

有些项目，市场很大，甚至大到用万亿来计算，比如新兴能源。在众筹中，创业者往往把目光聚焦在庞大的市场上，却忽略了自己的项目。虽然创业项目与这个市场有着不可分割的联系，创业者却没有将自己的项目的优势和目标市场联系起来，整个众筹项目似乎是一座空中花园，而投资者却无法通过你的项目到达那座空中花园，投资意向如何能不流产？

禁忌三：胃口太大，贪多嚼不烂。

当下，一些创业者常挂嘴边的词就是"平台""生态系统""立体式全方位"。谁都知道平台收益丰厚，因为平台充当的是一个收保护费的角色。但是作为初创公司，一开头就说平台、生态系统，是不是胃口大了点呢！

创业企业首先要做的是把自己的产品卖出去，而不是想着一口吃个胖子。腾讯公司做成平台依赖的是其一贯以来苦心经营的聊天工具。平台思维当然要有，不过那是后期战略扩张。对于初创公司来说，能让产品扩张出去，才是重中之重，然后再谈其他。

禁忌四：文艺青年范儿：只有情怀，没有项目。

说到情怀，就是一种企业愿景，也就是企业文化。企业文化、企业愿景能够成为众筹营销的噱头和卖点，但只有情怀，不见项目，投资人怎么会相信你，并把钱投给你。

锤子手机创始人罗永浩，如果没有手机产品，也许他的情怀，就只能算作一个文艺青年的梦想吧。

禁忌五：选错方向：投身"红海"，死路一条。

投身"红海"市场的项目，将面临市场激烈的竞争，投资人一般是非常慎重的。例如，你现在去做聊天软件，肯定要吃闭门羹，市场已经被瓜分殆尽；而创业团队一开始就选错了方向，众筹只是表现出其"自寻死路"的方式而已，如果你的商业模式陈旧，估计连登台众筹的机会都没有。

禁忌六：卖弄口才：信口开河，不知所云。

创业者将众筹项目做PPT演示，图文并茂，并口若悬河地讲解一通。在专业领域，这样做也许具有一定价值，但是如果创业者不具备将其聚焦并表达出来的能力，只能说明创业者对项目不够熟悉，不知晓项目的核心卖点，更不要说将其突出推广了。

五、众筹如何打动投资人

众筹项目的成功，最重要的就是争取更多投资者的支持。要想通过短短的众筹展示来打动投资人，就必须向投资人展示你已经做了充足的准备。准备好一份经过认真思考撰写的商业计划，这样如果投资人感兴趣，他们可以在有时间的时候了解更多的情况。

下面是在你准备众筹时给你的最重要的9点建议：

（1）讲故事。

用一个动人的故事开始你的众筹演讲。这会从一开始就勾起听众的兴趣。如果你能够把你的故事和听众们联系起来，那就更加完美了。你所讲的故事应该是关于你的产品所要解决的问题的。

（2）解决方案。

分享你的产品独一无二的地方，以及为什么它能解决你所提到的问题。这一部分最好简约而不简单，要让投资人听过以后，可以轻松地向另一个人介绍你到底在做什么。尽量少使用行业里的生僻词汇。

（3）成就。

投资人投资第一看重的是团队，第二才是项目创意。在众筹演讲的前段，你就应该让投资人对你和你的团队有刮目相看的感觉。可以讲一讲你和你的团队到目前为止取得的成就（销售额，订单量，产品的火爆，等等）。

（4）目标市场。

不要说世界上所有上网的人都是你的客户，即使有一天这成为现实。要使你所创造的产品更加现实，把你的目标市场分为电视观众统计（TAM）、战略资产管理（SAM）和市场占有率（SOM）。这不仅能影响你的听众，也能帮助你深刻理解市场战略。

（5）获取客户。

这是众筹和商业计划中经常被遗忘的部分。介绍你如何招募到你的客户，得到一个用户要花多少钱，怎么样的推广才算是成功，等等。

（6）竞争对手。

这也是众筹中一个非常重要的环节。许多创业者在这一部分都没有做好充分的准备，没有翔实的数据来说明他们和竞争对手的不同。用来展示你对于竞争对手优势的最好方式就是表格：把不同的方面放在顶行，把你和竞争对手放在左列，然后一个方面一个方面来比较，一项一项来说明你的优势。

（7）盈利模式。

投资人总是对这个部分最感兴趣。你要详细地介绍你的产品和定价，然后用事实来证明这个市场正在焦急地等待你的产品的进入。

（8）融资需求。

清晰地向投资人说明你的融资需求，计划出让多少股权，未来的计划如何。

（9）投资人的退出机制。

如果你的融资额在100万美元以上，那么大部分投资人都想知道你的退出机制是怎样的。你是希望被收购，还是上市，或者别的退出方式。

以上几点就是众筹融资中投资者想要听到的东西，也就是作为众筹的创业企业，想要达到的众筹效果。

下面我们来看一个成功众筹的案例。

2014年10月，中国众筹史上首个千万级项目诞生——三个爸爸空气净化器。这是由刚晋升为爸爸的戴赛鹰、陈海滨、宋亚南三人合力专门为孕妇和儿童打造的空气净化器，20分钟净化99% PM2.5，30立方米实验舱国标检测中除甲醛CADR值高达119，只为做到空气极致净化，最大化地保护孕妇和儿童的健康。

三个爸爸空气净化器为什么如此成功？它又给众筹创业者什么启示呢？

2014年3月的一个晚上，戴赛鹰在微信群中分享了自己做众筹的宝贵经验：三个爸爸怎么做到千万级，众筹前期如何做传播推广，众筹中如何运营，众筹中如何克服困难，如何维护众筹中的用户，等等。

下面是分享的具体内容。

（1）痛点被满足。

我觉得要变成一个千万级的成功的众筹项目，首先产品不是小众产品，产品必须要抓住痛点，我们做这个空气净化器，实际上是抓住了具有时代痛点的市场。

为什么我们三个人会去做一款儿童专用的净化器？

这是从我们的个人经历出发的，因为我们的孩子很快要来到人世，而北京的空气又让我们感到非常焦虑，所以我们要为孩子找一款放心的净化器。

我们研究了一个月，发现市场上的净化器都满足不了我们的需要。

好的净化器比如国外的净化器除PM2.5效果是不错的，但是除甲醛效果不太好。国产净化器基本指标都比较差。就是因为自己有这样的痛点，所以我们才决定做这款净化器，也就是说如果你想众筹成功，就要抓住很多人都有的共同的痛点。

要找到这种能够满足消费者的痛点，你首先要抓住用户，从用户调查中真正把痛点整理出来。我们在产品阶段调查了700多个用户，这些用户是怎么来的呢？有100多个是我们周围的朋友，另外500多个来自母婴社区。

对这些用户我们不是简单地给他们发调查问卷，而是把他们拉成8个群。我们不断地在群里抛出问卷让他们填，也会提问题让他们展开讨论，还会鼓励他们就净化器的问题互相交流。为了让群变活，我们还会发红包，或者聊一些关于孩子教育的话题。我们从中挖掘到65个痛点，然后总结出12个痛点应用到我们的产品里。所以你想做一个成功的产品，首先要抓住大的痛点，你要通过消费者调查和用户融在一起，把以前的产品不能满足用户的痛点挖掘出来。

我们的定位是儿童专用净化器，所以我们禁止使用任何伤害儿童健康的技术，比如紫外灯。

（2）产品要创新。

为什么三个爸爸空气净化器能得到大家的认可呢？就是因为我们根据用户的痛点开发了产品的尖叫点。

比如说紫外灯，我们是不会用的，因为我们担心紫外泄漏影响孩子的健康；比如说高压静电吸附的方式，我们也不会用，我们担心臭氧影响孩子的健康。这个和市面上很多净化器就有了区隔。另外，我们的产品都是圆角，没有尖角，不会磕碰到孩子，这个从外观设计和安全设计上确实和别的净化器有区别。

除此，我们在功能上还找到了一个表现点——出风口的PM2.5为

零。因为我们发现，用户有一个痛点，买了净化器之后不知如何来衡量它的净化效果。因为国家的衡量标准是CADR值，但这个CADR值是没有办法在家里测量的。于是我们就开发了这一功能，使用任何监测仪器在我们的出风口测试PM2.5的数值，结果都是零，这就证明了我们的产品的净化效率是最高的，通过我们的净化器一次性就过滤掉了空气中所有的PM2.5。后来我们调查了很多参与众筹的用户，得出了一致的结论，这个点是让他们购买该净化器的理由。

（3）故事有梦想。

大家知道创业是一件困难的事情，而且创业品牌也常常面临大品牌的竞争。

在这样的环境下，一个创业品牌如何能够做出自己的特色呢？

首先要有自己的故事，有自己的情怀。这个时代的人不仅仅是为产品的功能而购买，更多的是为产品背后的精神价值而购买。

三个爸爸空气净化器正是因为有"爸爸为孩子造净化器"这样的故事、这样的精神，才能够从众多的净化器里脱颖而出。

我们一开始就是三个父亲在为自己的孩子找净化器而找不到，然后自己来做净化器，这个故事本身就有一定的感染力。我们之所以能够融资到1000万美元，也是因为我们的投资人张震也是一位爸爸。我们去找张震融资的时候，是北京雾霾最严重的时候，他刚把太太和孩子安排到三亚去躲雾霾。这一系列的情节让他感受到我们的情怀，是这种情怀最终打动了他来投资。

后来我们把自己产品里面包含的精神提炼成"爸爸精神"。

"爸爸精神"有三层意思：第一，用最好的材料、最好的技术做一个极致的产品。第二，作为爸爸来讲，不能容忍任何伤害孩子的因素出现在我们的产品里，所以我们把安全做到极致。第三，我们做的产品是要让自己的孩子先用爱用，让自己的家人为之骄傲。这就是爸爸精神。

所以通过这样的故事，情怀和精神的提炼，我们和其他的产品也有了更吸引用户的卖点。

（4）设计参与感。

众筹并不是让消费者来买你的产品，因为你的产品可能只有一个概念，消费者还看不到实物；而且参与了众筹之后，还要很久才能拿到产品。这时候怎样调动大家来参与你的梦想才是关键。所以你一定要设计出具有参与感的活动，让大家参与进来。

比如说，第一期我们众筹的主要来源是黑马会的会员。那么怎么让黑马会的会员来参与一个黑马企业，它为什么要为你这个企业来服务呢？

当时，我们首先是跟创业家进行商务合作，和创业家的"爱代言"进行产品合作。然后我们又让创业家的官微发了一篇题为《为什么中国没有千万级的产品众筹》的文章。这篇微博文章发出来之后，过了几个小时，我用我的个人微博回应说："三个爸爸作为创业公司，非常稚嫩，但是我们想代表黑马来挑战中国第一个千万级的产品众筹。"

又过了几个小时，创业家的官微和黑马社社长回应我："'三个爸爸'作为一个创业公司提出千万级众筹，听起来是很不可靠，但是我们号召大家一起支持'三个爸爸'，代表黑马冲击千万众筹，把不可靠变成可靠。"通过这种方式，我们就把我们"三个爸爸"自己公司的事情变成黑马共同的事情，这就是领了一个官方的名义。

仅仅这个还不够，我们又让我的合伙人海滨写了一篇题为《一路与你同行，我与黑马不得不说的事》的文章。写的是在他创业低谷时加入黑马会，在黑马会和黑马营里创业者之间相互扶持。在这里，他得到了最大的帮助。

文章的传阅量很高。这样一来，我们既有官方的名义，又有情感的刺激，所以就有了参与感。

以上四点是一个成功的众筹项目应该具备的四个重要因素。如果你能把这四个因素都做到位,相信你一定能获得巨大的成功。

第二节　如何规划众筹项目

一、找出众筹项目独特、差异的亮点

发起众筹项目,对于需求要抓得准,抓住大众的兴奋点,亮出项目与众不同的地方,作为宣传的焦点。如果项目不吸引人,那些陌生的人又怎会投来真金白银呢?

你无法仅仅依赖你的亲朋好友就把所有的注册资金筹集到位,你还需要他们把你的项目信息发散出去,这就需要找准项目亮点让这些人之间产生情感共鸣。

二、确定投资人的范围

发起一个众筹项目,需要得到更多陌生人的支持,但是也不能奢望获得所有人的支持。据统计,每一个项目大概有4%的铁杆用户群。这个群体的数量并不惊人,但他们的确是愿意出钱的支持者。

有了这4%的用户,再加上长尾效应,足以让我们的众筹项目成功。我们要做的就是确定这4%的铁杆用户群的范围(即找到你的目标部落)。这个群体,可能是某一个圈子,也可能是具有同样消费偏好或情感诉求的某一类人群。

通过众筹平台寻找更多的投资人。众筹平台在某种意义上就是一个划分部落的工具:它让项目发起人能够更加准确地对他们的目标部落(核心消费人群或投资人)进行市场定位和销售,同时也能让这些分散的人群形成部落。明确了支持者的范围,就可以在后续的推广中实现精准传播。

三、设计合理的众筹方案

如何设计合理的众筹方案？

第一，设置投资人出资额度。比如，国内各众筹平台上的项目众筹总额一般在10万~1000万元。项目方可以根据项目情况制作一份完整的资金需求表，以确定自己需要的最小资金额。设定筹资总额时尽量不要偏离这个需求太多，否则很难筹得项目方所需要的资金。当然，如果项目很有创意，足够有趣，也可以进行尝试。通常情况下，建议筹款目标金额的设置宁可"低就"不可"高成"。

第二，设置筹资档位。结合众筹项目的特点与融资目标，对目标部落人群进行分析，划分为几个投资层次，从而设定合理的筹资档位。除了一些特定的核心投资人之外，其他筹资档位的金额，应该确定在能够让潜在投资人很容易做出支持决定的水平。如果定价过高，即使项目非常吸引人，投资人也不一定会为此而爽快地掏腰包。

第三，设置回报方案。给投资人的回报要恰当、适度、可兑现。给予投资人的回报并不是越多越好，也不是回报越多大家就越愿意支持你。要在对投资人群体进行分析的基础上，抓住不同档位潜在投资人最感兴趣的东西或者最在乎的需求，给予他们最恰当的回报方案。所承诺的回报一定要可以兑现，但不应让项目发起人为此所累。

第四，设置的筹资和回报方案要尽可能简洁易懂。在互联网时代，信息爆炸，人们的选择太多，选择时间太短，用户越来越缺乏耐心，方案太复杂会让投资人失去进一步了解和支持的兴趣及耐心。

四、设置投后管理方案

有人认为众筹成功就是融到了钱，其实，融到了钱只是众筹迈出了第一步。在众筹领域，投后管理是非常重要的环节。

项目运行要透明，人、财、物的管理要完善，要尽可能地保证项目稳步推进。

股权众筹中，对于股权关系的管理，每个众筹投资人的投资意向不一样，针对不同的股东，也要有不同的管理。

五、预备方案

现在大多数众筹项目都没有设定预备方案，就是项目众筹成功后若不能正常交付，应该怎么解决。

在众筹项目的实际运作中，的确有大量的众筹项目会出现筹资成功后却未如期交货，或者无法成功生产的情况。特殊情况下，如果项目发起人无法完成或者无法按时完成项目，应及时与各位投资人联系，并积极公布项目情况以及解决方案。如果最终产品确实无法按时交付，项目发起人可以采用退款或派送一些礼物等方式表达歉意。

六、设定退出机制——股权众筹

对于投资人来说，投资的顾虑是投资风险多大，回报是多少，遇到风险时能否退出。项目发起人要给予充分的考虑，设定退出方案。其形式或退股，或转让。

第三节　如何在众筹平台上发布项目

"众人拾柴火焰高"，众筹是互联网时代的新事物。近年来，随着众多项目通过众筹进入公众视野，众筹离我们越来越近。然而，初创期怎样发起众筹？一般的步骤和注意事项有哪些？

发起一个众筹项目，一般需要经历以下几个步骤：第一是众筹项目的选择，第二是编写商业计划书，第三是宣传推广，第四是合同拟订，最后是公司注册营业。

一、众筹项目的选择

从理论上来说，几乎所有的项目都可以用来众筹，只是对于一个初创企业而言，由于资源、经验有限，我们更建议做一些针对年轻人青睐的行业发起众筹。

比如，常见的众筹项目就是咖啡厅。其实每个人都知道咖啡厅不是一个盈利很快的项目，但是为什么咖啡厅仍是众筹成功率最高的项目呢？因为这是一个针对年轻人的项目，很多年轻人都有开一个属于自己的小店的文艺梦，同时喝咖啡的群体也是以年轻人为主。其次是青年旅舍，遍布全国的众筹青旅也是因为相同的原因。

作为创业者必须明白，当你进入任何一个新行业的时候，都会遇到困难。因为我们缺乏行业经验，可能根本不知道该怎么做。比如如何生产产品，如何进行市场推广，如何招聘合适的员工，等等，这些几乎是创业者进入任何一个行业都可能遇到的难题。

面对这样的困境，我们如果放弃这一原本认准的行业，而去转投其他行业，也一样会遇到类似的困难。最好的应对办法就是，在选定的行业里坚持做下去。创业者只有在认定的行业里坚持做下去，才能慢慢积累经验，摸索规律，最终取得创业成功。

事实上，创业者只有在选定的行业坚持下去，才能建立竞争优势。因为一个企业的财力、物力都是有限的，只有集中一点把事情做深做透，才能在这一行业里独树一帜。极致的专注会拉开你与竞争对手的距离，促使你形成独有的竞争力。

苹果公司奠定今天的地位，与乔布斯坚持做高品质的电子产品有关。在经历第一次创业失败之后，乔布斯决定坚持精品路线。苹果公司跟许多喜欢把产品线拉得很长的公司不一样，它的产品线很短，其主要产品就是MaC（笔记本电脑MaCbook和台式机iMaC）、iPhone（手机）、iPad（平板电脑）、iPod（MP3播放器）。这些类别的产品，市场竞争已经白热化。苹果公司硬是把这些满街都是的电子产品，一个个做成了精品。乔布斯把每一个产品都做到了极致，不管是电脑，还是MP3播放器，这就使得他的每一款产品都是同类产品的王者。

除此之外，苹果公司不盲目地追求市场份额，而是在做一种文化，一种精神，一种时尚；是在长期地经营一个品牌，而不仅仅是赚钱。这样，苹果公司的产品在中国市场上稳打稳扎多年之后，虽然市场份额不高，但是口碑很好，信誉很好。久而久之，铸就了苹果公司产品在市场上的超级竞争力。

苹果公司的成功靠的就是在某一领域的极致专注，最终使得它的产品具有独特的竞争力。不仅苹果公司如此，在社会化分工越来越细的今天，很多著名的企业都是靠在某一领域的专注获得成功的。比如，LV专注箱包，可口可乐公司一直在卖碳酸饮料。它们的成功告诉创业者，只有在认准的行业内坚持干下去，精益求精，才能形成自己的竞争优势，最终获得成功。

实际上，任何一家刚刚创立的公司，几乎不可能一开始就做其他任何公司都没有做过的业务，而是不得不做与它们相同或类似的业务。这更要求它们具备专注的精神，在某一细分市场里集中精力做事，对产品和服务不断改进，最终使它们具备独特的竞争优势，从而取得成功。

马云说过，"今天很残酷，明天很残酷，后天很美好，大部分人都死在明天晚上"。明智的创业者都不是"死在明天晚上"的人，只要是他们认准的行业，他们就会坚持做下去。因为他们相信只有在选定的行业里坚持下去，才能逐渐积累经验，建立信心，经过长期发展形成竞争优势，取得创业成功。

二、编写商业计划书

创业需要商业计划书。所谓商业计划书，是创业公司为了达到招商融资和其他发展目标，根据一定的格式和内容要求而编辑整理的一个向受众全面展示公司和项目目前状况以及未来发展潜力的书面材料。

商业计划书是一份全方位的项目计划，其主要意图是递交给投资商，以便于他们能对企业或项目做出评判，从而使企业获得融资。商业计划书有相对固定的格式，它几乎包括反映投资商所有感兴趣的内容，从企业成长经历、产品服务、市场营销、管理团队、股权结构、组织人事、财务、运营到融资方案。只有内容翔实、数据丰富、体系完整、装订精致的商业计划书才能吸引投资商，让他们看懂你的项目商业运作计划，才能使你的融资需求成为现实。一份成功的商业计划书对项目融资至关重要。

商业计划书包括企业筹资、融资，企业战略规划与执行等一切经营活动的蓝图与指南，也是企业的行动纲领和执行方案，其目的在于为投资者提供一份创业的项目介绍，向他们展现创业的潜力和价值，并说服他们对项目进行投资。

商业计划书的价值在于对决策的影响，就这点来说，商业计划书的价值是无法衡量的。商业计划书是一份为着一个既定目的（一般为融资），经过深思熟虑，以数据、个案、事实为基础，预测在一定条件和资源的配合下，创造出可观回报的经营活动的蓝图。它本身虽然存在不少的不确定因素，但是通过有说服力的语言及行动方案，让阅读者（当中大部分是投资者）能对其内容充分了解，并投入充满信心的一票。一

份优秀的商业计划书能让人相信只要按"计划"行事便能成功。

商业计划书应能反映经营者对项目的认识及取得成功的把握，它应突出经营者的核心竞争力，反映经营者如何创造自己的竞争优势，如何在市场中脱颖而出，如何争取较大的市场份额，如何发展和扩张。种种"如何"是构成商业计划书的说服力。若只有远景目标和期望，而忽略"如何"，商业计划书也只是"宣传口号"的工具而已。

编写商业计划书是每一个创业者的基本功，其中包括项目定位、资金预算、盈利分析、可行性论证等，有关商业的要素都要体现出来。

风险投资人更关注项目的收益和退出，众筹投资人也如此。比如咖啡厅项目，可以有股东的免费咖啡，有股东之间的聚会游玩，还可以教股东经营咖啡厅，等等，让股东更多地参与进来。再比如电影项目，股东可以参与开机仪式、首映礼，可以去探班，有才艺的还可以做群演，等等，让股东可以参与到电影的制作中。

这些都必须在我们的计划书里直接体现出来，让投资人了解到他们不仅有收益，同时还有其他的各种专属福利。

下面我们来看一个商业计划书的范本。

第一部分　项目摘要

一、公司简单描述

二、公司的宗旨和目标

三、公司目前股权结构

四、已投入的资金及用途

五、公司目前主要产品或服务介绍

六、市场概况和营销策略

七、主要业务部门及业绩简介

八、核心经营团队

九、公司优势说明

十、目前公司为实现目标的增资需求：原因、数量、方式、用途、偿还

十一、融资方案（资金筹措、投资方式及退出方案）

十二、财务分析

1. 财务历史数据

2. 财务预计

3. 资产负债情况

第二部分　项目综述

第一章　公司介绍

一、公司的宗旨

二、公司简介资料

三、各部门职能和经营目标

四、公司管理

1. 董事会

2. 经营团队

3. 外部支持

第二章　技术与产品

一、技术描述及技术持有

二、产品状况

1. 主要产品目录

2. 产品特性

3. 正在开发/待开发产品简介

4. 研发计划及时间表

5. 知识产权策略

6. 无形资产

三、产品生产

1. 资源及原材料供应

2. 现有生产条件和生产能力

3. 扩建设施、要求及成本，扩建后生产能力

4. 原有主要设备及需添置设备

5. 产品标准、质检和生产成本控制

6. 包装与储运

第三章　市场分析

一、市场规模、结构与市场划分

二、目标市场的设定

三、产品消费群体、消费方式、消费习惯以及影响市场的主要因素分析

四、目前公司产品市场状况，产品所处市场发展阶段（空白/新开发/高成长/成熟/饱和），产品排名及品牌状况

五、市场趋势预测和市场机会

六、行业政策

第四章　竞争分析

一、有无行业垄断

二、从市场细分看竞争者市场份额

三、主要竞争对手情况：公司实力、产品情况

四、潜在竞争对手情况和市场变化分析

五、公司产品竞争优势

第五章　市场营销

一、概述营销计划

二、销售政策的制定

三、销售渠道与方式、行销环节和售后服务

四、主要业务关系状况

五、销售队伍情况及销售福利分配政策

六、促销和市场渗透

1. 主要促销方式

2. 广告/公关策略、媒体评估

七、产品价格方案

1. 定价依据和价格结构

2. 影响价格变化的因素和对策

八、销售资料统计和销售记录方式，销售周期的计算

九、市场开发规划、销售目标

第六章　投资说明

一、资金需求说明（用量/期限）

二、资金使用计划及进度

三、投资形式（贷款/利率/利率支付条件/转股——普通股、优先股、任股权/对应价格等）

四、资本结构

五、回报/偿还计划

六、资本原负债结构说明

七、投资抵押

八、投资担保

九、吸纳投资后股权结构

十、股权成本

十一、投资者介入公司管理的程度说明

十二、报告

十三、杂费支付

第七章 项目投资报酬与退出

一、股票上市

二、股权转让

三、股权回购

四、股利

第八章 项目风险分析

一、资源风险

二、市场不确定性风险

三、研发风险

四、生产不确定性风险

五、成本控制风险

六、竞争风险

七、政策风险

八、财务风险

九、管理风险

十、破产风险

第九章 公司管理

一、公司组织结构

二、管理制度及劳动合同

三、人事计划

四、薪资、福利方案

五、股权分配和认股计划

第十章 项目财务分析

一、财务分析说明

二、财务数据预测

1. 销售收入明细表

2. 成本费用明细表

3. 薪金水平明细表

4. 固定资产明细表

5. 资产负债表

6. 利润及利润分配明细表

7. 现金流量表

8. 财务指标分析

商业计划书的主要用途是开展融资，展开项目合作，指导运营，预测企业成长率，并指导你做好未来的行动规划，它是全面展示企业和项目状况、未来发展潜力、执行策略的书面材料，要求体现项目的核心竞争力、市场机会、成长性、发展前景、盈利水平、抗风险能力、回报等。

对于投资方而言，一般比较关注商业计划书中关于项目公司的发展目标和方向、运营项目的团队、公司的经营策略和盈利模式、投资回报率等内容。

三、宣传推广

众筹的宣传推广分为线上和线下两种渠道，线上主要是利用各种互联网资源发送消息，线下就是开展各种各样的宣讲会来宣传项目。

首先说线上。各种众筹网站，如众筹网、京东众筹、人人投等专业网站可以用来发起项目，微信公众号及朋友圈传播也是一种重要的途径，编写一个传播性强的文案在朋友圈中传播也会收到很不错的效果。

线下就是宣讲会。对于一个众筹项目来说，发起人一定要擅长开宣讲会。通过宣讲会，发起人可以和股东面对面交流，更加准确地传达自己的理念，一方面有利于融资，另一方面由于双方见过面，信任感增强，有利于后期的沟通交流。

阿里巴巴的B2B商业模式，是中国互联网的一个"另类"，也是全球互联网的一个"另类"。在马云创立阿里巴巴之前，中国的互联网模式都可以在美国找到成功的原型，所以风险投资敢于投资这些公司。但阿里巴巴不同，它完全是创新的，在它之前没有成功的原型。所以，国内外掌握着巨额资金的投资方，一开始并不敢投资阿里巴巴。

马云的解决办法，就是充分利用他的好口才。他说："我有一副天生的好口才，为什么不可以在大街上宣传我的公司？"

其实，马云不仅仅是在大街上宣传他的公司，他还在全球各个国家宣传他的公司。

为了能让投资方认可阿里巴巴的商业模式，马云把自己当成了一台促销机器，开始了疯狂的"演讲传道"之路。1999—2000年，他不间断地在空中飞来飞去，参加全球各地的经济论坛，尤其是经济发达的国家。每到一个地方，他就发表激情演讲，用他那张"铁嘴"宣传全球首创的B2B思想，宣传阿里巴巴。

马云相信自己是一台成功的促销机器。他一个月能去3次欧洲，一周内可以跑7个国家。他每到一地，总是不停地演讲，他在BBC做现场直播演讲，在麻省理工学院、沃顿商学院、哈佛大学演讲，在世界经济论坛演讲，在亚洲商业协会演讲。他挥舞着充满激情的双手，对台下的观众疯狂地叫道："B2B模式最终将改变全球几千万商人的生意方式，从而改变全球几十亿人的生活！"

就是靠这种不断地重复，马云真的达到了他的目的。没过多久，他和阿里巴巴的名字就被欧美国家的很多人记住，来自国外的会员和点击率也呈直线增长。尤为重要的是，他还登上了世界著名财经杂志《福布斯》的封面，成为《福布斯》杂志创办几十年来首位登上其封面的中国企业家。至此，马云用他无与伦比的口才宣传阿里巴巴的"阴谋"彻底得逞。

要想别人相信，先要自己相信，这是马云的口才能够打动别人的秘诀之一。事实上，正是因为坚信自己所说的都会成为事实，所以他才有足够的自信去向别人灌输他的观点，无论别人听得懂听不懂，相信还是不相信。

事实已经证明，今天，已经没有几个人不知道马云和他的阿里巴巴。

其实，在马云飞来飞去四处宣传阿里巴巴商业模式的初期，许多人都对他持怀疑态度。在香港做演讲时，马云曾提出了一个惊人的口号："阿里巴巴要把全世界的商人联合起来！"有人就开玩笑，马云自己都还不是个成功的商人，他怎么去联合全世界的商人？人家又凭什么去联合？

但马云不管这么多。当时给马云拍纪录片的中央电视台编导这么评价马云："他很极端的，他要推销他的想法，他不管你听下去听不下去，他都滔滔不绝，强硬地把他的想法输送给你。"这位编导又用了一句话来总结马云的口才特点："马云就像一剂毒药，他把人们最不可思议的东西给打动了。"

马云当然不是一剂毒药，他之所以能够说服各种各样的人相信阿里巴巴，接受阿里巴巴，靠的其实就是"重复一百遍你是第一，你就是第一"的宣传技巧。一个毋庸置疑的事实是，当我们谈起其他公司的时候，我们可能知道这家公司的老总是谁，也知道这家公司的产品是什么，但我们很少能够知道这家公司的企业文化和经营理念是什么样子。谈起阿里巴巴则不然，一谈起阿里巴巴，我们的脑海里会自然而然地浮现出"使命""价值观""梦想""伟大的公司"等词语，我们会自然而然地把阿里巴巴看成是一家充满梦想的、具有使命感和正确价值观的伟大的公司。

一个股权众筹项目上线，推广需要通过各种媒介渠道介入，通过全方位的宣传以达到项目的曝光率和受众的覆盖面，而股权众筹项目的成

功与否，与其传播宣传的方式有很大的关系。

如何通过媒介进行有效的推广，需要注意以下几方面：

第一，充分利用个人及团队人际圈子进行传播。在众筹时可以充分利用个人以及整个团队的人际关系，让单独的个体形成裂变效应。只要项目足够吸引人，就会引发羊群效应，品牌曝光率无限扩大，众筹也就成功了一半。

第二，充分利用渠道的力量。

第三，利用知名人士进行持续的传播。

第四，在个人人际圈内的传播渐冷之后，可以选择明星来体验产品，进行软广告宣传，这样的宣传影响力不可估量，容易在社会大众中达到品牌扩散的效果，提升项目知名度。

第五，利用微信公共号和微博活动进行传播。

第六，随着个人朋友圈传播的变冷，除明星外，可以搜集一批业内的微信公共号，通过发送项目的软文对众筹产品进行传播，而且还可以在朋友圈和微信号里做活动，这些传播也起到了一定的引流作用。

如果创业者想要成功，光靠自己吆喝就想达到品牌推广和销售的剧增，是根本不可能的。产品是企业成功的关键，但市场营销是产品走出去获得最终收益的必要保障。很多企业有足够好的产品项目，但因为不重视推广，导致多数项目还未为人所知就夭折了，所以企业要生存，唯一的方法就是依赖渠道。

选择自己擅长的渠道做宣传，或者使用微信、微博论坛等社会化媒体来做传播，用认真的态度做产品。众筹无论是大单还是小单，都是渠道商和消费者对产品的支持。无论是众筹还是其他模式，只要市场推广的性价比好，就值得所有创业者去尝试。

很多人不知道如何推广自己的众筹项目，其实原因很简单，是因为他们没有完全理解互联网众筹。相比较其他项目推广，众筹推广要简单得多，前提是要充分把握好互联网众筹的含义。

在你拥有一个潜力项目后，首先要详尽地写出这个项目的规划，把自己对这个项目的想法尽量简洁地罗列给众筹人看，同时保持众筹项目本身的意义。一定要明白众筹的意义就是为了吸引更多的人气，让更多的人来关注你、支持你，直接上来筹钱是最不明智的众筹方式。众筹首要的目的并不是盈利，而是为了让更多的人来参与你的项目，然后将参与人转化为你的"粉丝"。要记住众筹还是要以公益为主。以公益的方式来筹集资金，不论多少都是一份心意，这才是众筹真正的目的。

例如，某人利用众筹的方式来实现自己开咖啡厅的梦想。他先将这样的想法和详细的规划公布出来，只要众筹咖啡厅的人都可以获得限量版的纪念杯，还可将自己的名字刻在杯子上，同时讲一个和咖啡厅相关的创意品牌故事，以引起投资人的兴趣，希望通过众筹来投资他的主题咖啡厅。在刚开始营业的时候，所有的投资人都能得到咖啡厅通过特殊渠道获得的极品咖啡豆一包，可以在第一时间享受到普通顾客享受不到的服务。

这种新颖的宣传方式吸引了越来越多的人前来众筹。与其一本正经地宣传自己的品牌优势，前景有多么乐观，还不如用真实的东西回报给每一个投资者，这样才能让投资人看到你的诚意。多和参与众筹的投资者进行互动，了解他们的需求，倾听他们的意见和建议，只有这样才能让大家感觉到你是认真在做这件事，体现出你对项目的热爱和期望，才能接收到更多的投资。

众筹在推广之前首要的不能以盈利为目的，而是要能够在受众中传播，吸引所有投资人的注意，通过项目的人气来打动所有的众筹者。在将项目充分地展示给投资者之后，才有机会得到你想要的资金，来实现你的梦想。一个让人喜爱的品牌故事，一个创意十足的项目，都能够轻松地吸引大众的眼球。众筹与电商是完全不同的概念，电商是以出售商

品为主，目的是将你的商品卖出去，但是众筹的成功在于让用户一步步地认可项目，以项目的前景来得到投资者的青睐，过于商业化的项目在众筹上往往很难取得良好的效果。因此，在众筹时一定要策划好众筹的过程，不要太过于商业化，要用自己的优点和创意来吸引投资人。

众筹作为一种新兴的互联网融资平台，有着与其他传统融资渠道不一样的融资方式，想要推广和实现自己的众筹项目，一定要把握好众筹的融资方式和融资目的。

众筹项目上线之前需要对项目进行预热。在预热的过程中，可以选择线下项目众筹或者线上项目众筹。无论是线上项目众筹还是线下项目众筹，你都得先厘清自己的商业模式、盈利点以及能打动投资人的信息；如果是线下项目众筹，你还需要准备一份精美的、具有说服力的PPT。

一般线下项目众筹的时间不超过半个小时，你需要清楚地将项目的情况、发展目标、优势等描述出来，当投资人对你的项目表示出兴趣的时候可以转移到线上答疑或者进行线上的再次众筹。众筹的目的就是为了赢得投资人的支持，获得投资人的赏识。最好在项目正式上线之前就获得超过50%的认投，这样容易引起羊群效应，吸引更多的投资人跟投。

除了项目众筹，还可以利用微博、微信公众号、自媒体、行业相关媒体、活体营销等渠道进行项目的宣传，最好在自己的官网进行展示，这样可以帮助用户了解你的项目，吸引他们进行投资。

项目预热之后就可以正式上线了，这时候已经有了一定比例的用户支持。可以用名人（领投人或投资机构）效应进行宣传和推广，同时还需要维护和运营线上答疑等推广活动，帮助投资人解答项目疑惑，并与投资人达成共识。

四、合同拟订与公司注册营业

公司存在的形式主要有两种：第一种是股份带持协议，也就是注册有限公司，遵守《中华人民共和国公司法》；第二种是签订合伙企业协议，对应的就是注册合伙制企业，遵守《中华人民共和国合伙企业法》。

两种公司形式各有利弊：股份带持的形式比较灵活，方便发起人与投资人之间的沟通交流以及变更；缺点是投资人可能会有顾虑。合伙企业的优点是每个股东都可以在营业执照上体现名字，投资人顾虑小；缺点是变更非常麻烦，不方便后期变更，同时双方遵守的法律法规不同，在运营上也会有区别。

一切都准备好以后，公司就可以营业了。营业不是众筹的结束，这只是项目刚刚开始，后期就是拼市场、拼宣传、拼管理。

柳传志经常说，"创业是长跑而不是短跑"。他解释道："人正是在稳扎稳打的基础上，才能够成功。千万别拿长跑当短跑，长跑开始时宁可慢一点，适当地分配体力，在最后关头冲刺。假如一开始就拼命领跑，以求获得喝彩，也许未到终点就已趴下。"

柳传志就是一个把创业当成长跑的人，他懂得一个企业需要持续地努力才能达到目标。

联想刚刚成立的时候，既无充足的资本，也没有先进的核心技术。因此只能先做贸易，做好销售渠道。在公司站稳脚跟之后，联想公司一面研发联想汉卡，一面代理AST微机。柳传志把这种现象叫作"吃土"。他说："吃土就是我们赛跑的时候，跑在前面的人说'你在后面吃土吧'。他跑得快，我们在后面吃土，这没错，咱们现在必须踏踏实实地做工业，搞好销售渠道。但我们心里希望是领跑的，最起码不要老是跑在别人的后面。"

柳传志带领联想狠下心来，踏踏实实地跟在微软、IBM、英特尔后边"吃土"。他们从20万元起家，一步一步奋斗。结果，联想在1990年获得了上级部门批准，可以自产自销联想系列微机。那一年联想推出了第一台自有品牌电脑。2004年，联想收购了IBM的PC业务，一跃成为一家PC年生产量1400万台、年收入130多亿美元的全球第三大个人电脑企业。

联想人把创业之路当成一场长跑，他们并不急于成功，而是踏踏实实地积累，不断学习、不断进步，终于完成了飞跃，成长为一个大公司。

在稳扎稳打的基础上取得成功，这就是联想的成功之道。如果没有这个理念，而想一下子就成功，那么我们也许就看不到现在这个庞大的联想公司了。

把创业当成一场长跑，依靠持续的积累和进步取得发展，这就是联想给创业者的一个重要启示。几乎每一个创业者，在刚开始起步的时候都会面临很多困境，比如没有核心竞争力，没有足够的资本做支撑，等等。面对这样的困难，我们要有一个长跑的心态，慢慢坚持，而不要在乎一时的得失，时间久了，就一定能取得不错的成绩。

现实中，很多创业者并不具备这样的心态，他们希望通过创业尽快赚到钱。如今赚快钱似乎已经成了一种风潮，很多年轻人都期待着通过互联网创业"一夜暴富"，而现实中这几乎是不可能的事情。

创业者虽不一定要把公司做成联想那样的规模，但应该学习柳传志的精神，把创业当成一场长跑，不在乎一时的得失，一点一滴地积累，为将来取得更大的成功做好准备。

第五章

国内外众筹平台的项目运作

放眼全球,最知名、最火爆的众筹平台当属 Kickstarter。Kickstarter 是众筹网站的鼻祖,也是全球科技创业爱好者及创新者的"圣地"。Kickstarter 成为全球最成功的众筹平台,也让以梦想为名创意众筹逐渐成为一大潮流。

众筹融资
——"双创"时代企业变革新路径

第一节 国外众筹平台分析

我们知道,众筹起源于美国。从市场规模、众筹平台数量、发展程度、立法保障等方面来看,美国都堪称是全球众筹行业发展的一个标杆。这里汇集了一大批知名的众筹平台,而作为全球影响力最大的众筹平台——Kickstarter更是其中的佼佼者。

一、Kickstarter:全球影响力最大的众筹平台

"世界对想象力而言只是一块画布。"这是美国著名作家亨利·大卫·梭罗所说的一句话。Kickstarter将这句话奉为圭臬,并将其挂在了平台首页的醒目位置。作为一家专为创意方案提供融资服务的众筹平台,这句话也形象地诠释了Kickstarter的平台定位。

Kickstarter的创始人是一位华裔——陈佩里。他曾经是期货交易员,热爱艺术,开办了一家画廊,并时常参与主办一些音乐会。他曾因为资金问题被迫取消了一场在新奥尔良爵士音乐节上举办的音乐会。受挫的他开始反思,他认为钱一直以来就是创意事业面前的一个壁垒,人们脑海里常会浮现出一些不错的创意,但是很少有机会能实现这些创意。那么为什么不能建立一个募集资金的网站?

经过长达7年的准备,陈佩里创办的Kickstarter在纽约正式上线了。Kickstarter是一个创意方案的众筹网站平台,专注于文化艺术方面的募集。通过互联网平台面对公众集资,致力于支持和鼓励创新性、创造性和创意性的创业项目。项目主要分为13类,包括艺术、动画、舞蹈、设计、时尚、电影(视频)、食物、游戏、音乐、美术、出版、科技、戏

剧。其中，音乐类项目占成功融资项目的27%，这也是民间投资者最喜欢的投资项目；电影次之。

Kickstarter相信，一个好的创意通过适当的沟通，是可以快速地广为流传的；同时，依靠众人的力量来获得资金与精神上的鼓励，可以让你更有勇气实践自己的创意和点子。因此，Kickstarter众筹平台主要致力于支持和激励那些创新性、创造性和创意性的活动。通过网络平台面对公众集资，让有创造力的人获得他们所需要的资金，帮助他们实现自己的梦想。

Kickstarter之所以受到大众欢迎，在于其核心竞争力。Kickstarter为投资者和项目方提供了一个可信赖的平台，让项目方为有梦想的人去募集资金，让大众投资者能打破传统的界限，以小额的方式去投资自己喜欢的项目。

在这个过程中，投资人和项目方对平台的信赖是最为关键的，否则生意无法继续。为确保信用，Kickstarter的运营团队需要严格控制项目的质量和流程。某个项目如果审核出现失误，可能会引发一系列的信用风波，可能造成投资者的流失。Kickstarter团队中一半的成员在负责运营，另外一半成员负责产品开发，高比例的运营成员团队，使得平台可以很好地把控项目质量，从而确保项目的质量。

在Kickstarter公司的相关条款中，对上线的项目做出明确的规定，没有通过审核的不能在平台上融资。比如，他们要求项目必须要有成果，不能是开放式的结局，必须以产品和作品的形式来完成。同时，严格规定项目的类别，并非任何项目都可以上线。项目创建者可以选择一个融资截止时间和一个最低融资目标金额。如果一个众筹项目在融资截止时间到达时没有达到最低融资目标，那么该项目则融资失败，已筹集的资金也无法获得。Kickstarter采用这种质押机制，在一定程度上保证了投资人的资金安全。

在支付方式上，投资人承诺投资的资金将通过第三方支付机构——亚马逊支付（Amazon Payment）筹集在一起，该平台对全世界所有对众筹项目感兴趣的投资人开放。Kickstarter会在每笔成功的众筹融资中抽取5%的佣金，亚马逊将抽取另外3%~5%的佣金。

平台点评：

1. 严格的项目质量理念

发布在网站上的项目会事先经过Kickstarter人员的全方位的评估、审核和筛选，以提高项目在网站上的成功率。Kickstarter严格的质量管理弥补了低门槛所致的项目泛滥的问题。因此，现在我们在网站上看到的项目都独具一格，浑水摸鱼者甚少。

2. 完整的筹资方案

网站为每一位创业者提供了全方位的介绍创意产品的方案，从视频到创意阐述，再到设计原型，等等，这一套方案让创业者能够清晰地表达自己产品的理念，与资助人达到有效沟通。

3. All or Nothing 机制

网站要求每一个创业者预先设定他预计的筹资金额和筹资时间，若在筹资时间之内达到项目预定筹募金额，则可以提取全部资金，但如果筹资失败，就会将全部资金返还给资助人。这样的机制让每个项目都能在生命期内保持一定的活力，根据优胜劣汰的用户选择来决定每个项目的前景。

二、Crowdcube：全球首个股权众筹平台

Crowdcube是世界上第一家股权众筹平台，由达伦·西湖（Darren Westlake）和卢克郎（Luke Lang）创办，被英格兰银行描述为银行业的颠覆者，因为Crowdcube创立了企业经营者筹集资金的新模式。

有别于追随Kickstarter的其他众筹平台，Crowdcube是一种以股票为基础的筹集资金的平台。在这个平台上，企业家们能够绕过天使投资和银行，直接从普通大众获得资金；而投资者，除了可以得到投资回报并与创业者进行交流之外，还可以成为他们所支持企业的股东。

Crowdcube的运作模式，如图5-1所示。

图5-1 Crowdcube的运作模式

1. 项目上线

第一步：项目申请。融资者向Crowdcube提出申请，确定公司价值和目标融资金额后，并提供项目描述、退出策略、商业计划以及未来三年的财务预测。在这一过程中，以专业性为主。根据历史数据和以往经验，Crowdcube会在72小时内对项目的适合性进行审核，并且提供详尽的修改意见，以便公司能够再次申请。

第二步：标书制作。众筹项目通过审核之后，融资者可以根据自己的融资需求，设定融资额，提供一定的股权，并把自己的融资计划发布在Crowdcube上，发布的语言要求简洁、专业。在此过程中，Crowdcube提供了一系列建议。

此外，企业要制作一个关于项目的视频，更加直观地向广大投资者展示项目计划。要确保视频专业，引人入胜。融资者也可以选择付费制作视频。

标书创作完成后，Crowdcube会再次进行审核，删除不恰当的语言，核实每一个数据的来源，确保项目中每句话的真实性。经过审核、确认，项目就可以上线了！

2. 项目选择

众筹项目上线之后，投资者就可以选择自己喜欢的项目进行投资了。投资者可以根据自己的喜好、意愿，通过项目经营行业、公司所处阶段、已经募集金额等条件进行筛选。根据法律要求，Crowdcube不能通过收取广告费把某个项目置顶或者放在醒目位置。Crowdcube的默认分类是：热门，临近截止日期，新上线。热门定义为：在一周之内募集资金达到目标金额的50%。

Crowdcube特别设置了问答环节，有利于融资者与投资者双方直接沟通。另外，Crowdcube与Facebook、Twitter、Linkedin合作，投资者和公司可以通过这些社交网络进行交流。融资者也可以充分发动自己的社交圈。

Crowdcube规定投资者出资金额最少10英镑，无最大限制。低门槛的投资金额能够充分调动"草根"的积极性，广泛募集大众资金。参与Crowdcube的投资者以普通大众为主。如果目标金额为1万英镑，股权占比10%，则投资1000英镑就拥有该公司1%的股权。

Crowdcube在投资之前对投资者做出风险提示。其主要风险包括损失投资额，缺少流动性，分红可能性低，股权稀释。确认投资金额后，投资者转账到第三方支付平台——Gocardless。

3. 资金募集

当融资期届满时，如果一个项目融资金额达到了目标数目，则股权融资成功。Crowdcube和AshfordsLLP律师事务所合作，和企业签订相关协议，帮助企业及企业律师顾问设计相关有法律效力的文件，并发送给投资者进行确认。投资者有7个工作日的时间考虑，最终确认投资金额。之后资金由第三方支付平台Gocardless转账到公司账户，投资者收到股权证明书后完成融资过程。除了股权回报之外的礼品，融资者应当在完成融资后的60天内邮寄给投资者。至于后续的分红以及股权回报并不在Crowdcube的监管范围之内。

若未达到目标金额，则融资失败，已融到的资金返还投资者，Crowdcube不收取任何费用。若超过目标金额，企业可以设定第二目标金额，继续融资。

Crowdcube怎么是收费的？

无会员费，无项目展示费，无融资过程费，Crowdcube不向投资者收取任何费用。只有项目成功融资，才收取融资者500英镑加融资总金额5%的手续费。

三、Indiegogo：美国第二大众筹平台

Indiegogo 成立于 2008 年 1 月，是美国第二大众筹平台。Indiegogo 众筹平台最初专注于电影类项目，现已发展成为接受各类创新项目的平台。相比 Kickstarter，对于项目的筛选和严苛的服务规则，Indiegogo 更为开放，Indiegogo 不对网站上发布的项目进行审查，支持者承诺支付的资金将会直接分配给项目创始人。

如果项目没有达到预定筹资目标，则由项目发起人决定是否退还已筹资金。

在 Indiegogo 众筹平台，不管筹资目标是否完成，项目拥有方都可以将捐资收上来；而 Kickstarter 只会收取那些到指定日期已经完成目标的捐资。业界对于 Kickstarter 和 Indiegogo 的定义非常明确，相对封闭、挑剔、只做精品的 Kickstarter 堪称众筹领域的"苹果"，而 Indiegogo 则是来者不拒的 Google Android，谁能走得更远还是个未知数。

Indiegogo的服务对象非常广泛，不限定客户类型，也没有项目限制，无论是企业还是个人生病医治均可以融资，也正因如此，公益精神成为Indiegogo区别于Kickstarter的一大特色。

在众筹平台上，到底有没有所谓的'高招儿'能提高融资的成功率呢？我们来看看Indiegogo创始人Liz的观点。

（1）你要明白，是"人投人"，不是"人投项目"。

Indiegogo创始人Liz认为："真实性这个东西特别重要，别只想着是做一个广告，把东西卖出去就完了。你需要做的是，把自己拉到摄像机前，告诉大家：'嗨，我叫Liz，我来自××，我有个梦想，我希望做一件××事情。'你不上镜，说话磕巴或者视频编辑得不专业都无所谓，最重要的是借此传递一种'真实性'。"

潜在支持者会感觉到你是个活生生的人，他们知道自己帮助的人是谁，这对拉近你与支持者的距离至关重要。

（2）必须对自己的项目有系统的规划。

定期更新项目信息，清楚地勾画出你对支持者的回报，以及市场营销的计划，通过邮件或者SNS，你要熟练掌握这些工具。创业者们应该把Indiegogo看成是吸引支持者的手段之一，而不是全部，把Indiegogo当成一个学习和完善自己产品的过程，这才是众筹的真谛。

四、Seedrs：Kickstarter的"英国版"

众筹的功能很多，不仅可以用于购买特殊商品，还能帮助投资理财。英国众筹投资网站Seedrs自上线后，取得了可喜的成绩，把欧洲大陆的一些潜在投资者与创业团队连接了起来。

由于欧盟一体化的经济政策，给货币交易带来很大便利。这将带来一系列积极的影响，吸引更多的投资者加入，可以为创业公司筹得更多的资金，而Seedrs可以处理更多项目，从而给投资人带来更多回报。

Seedrs在成立一年多的时间里完成了不少创举，它是英国金融市场监管局（FCA）认可的第一家股权众筹平台，总部位于伦敦东部的科技城，研发中心位于里斯本，曾被卫报冠以"伦敦东部最热的20个创业公司"之一。

创业初期，创业项目Microco.sm在15小时募得5万英镑，成为完成最

快的项目。之后，英国知名基金经理Nicola Horlick成立电影公司，在22小时筹到了15万英镑。

Seedrs给了普通人参与天使投资的机会，有可能获取高收益的回报，但也是风险极高。由于普通投资者很难成为相关领域的专家，这时Seedrs的推荐和机构监管就发挥了很大的作用。在投入资金之前，Seedrs会要求用户必须通过一份测试，以表明用户知晓投资存在的风险。除此之外，FCA的监管至少可以保证资金的安全以及防止欺诈。

但对于专业领域的了解、项目的创意、创始人的背景，投资者只能信赖平台。Seedrs募资的项目金额还不是很高，根据欧盟的法规，股权众筹平台最多可募资500万欧元；而在Seedrs上已经成功募资的48个创业公司里，最高为20万英镑，低的是数万英镑，一般都在10万英镑左右，出让的股权大多数为10%左右。

相比Kickstarter等网站的筹款金额，Seedrs上的筹款金额相对波动幅度不大，且数额偏小，显得十分谨慎，这与Seedrs平台风险大有关。

不过在英国，政府极力鼓励创业，并颁布了一系列鼓励措施。英国政府发布了一项初创企业投资计划（SEIS），为的是"激发企业家精神，促进经济"。该计划可实施创业公司最高达50%的个人所得税减免，最高28%的资本收益税减免、资本利得税减免。在税率较高的英国，这有助于投资者把资金投入初创企业。

第二节　国内外众筹平台对比分析

互联网技术的发展，促进了众筹的广泛传播，也赋予了众筹更多的含义。

众筹被誉为互联网金融的"新风口"，发展至今，众筹已经对接多个传统与新兴行业，这不仅形成了当下五花八门的众筹模式，并细化出很多垂直的众筹平台。下面，我们来对比中美两国有代表性的众筹平台，分析其各自的特点。

一、中美众筹平台的区别

1. 股权众筹平台

AngelList：美国众筹平台，负责初创企业的股权投资和债券投资。除了提供投资服务，该平台还负责帮助一些初创企业招聘人才。2014年，该平台众筹金额达1.04亿美元，帮助243家初创企业成功融资。

EarlyShares：美国的一家众筹平台，帮助小型企业融资。其成立于2011年，总部在佛罗里达州的迈阿密，后转变为股权众筹平台。曾被《价值杂志》评为全球十大众筹网站之一。

天使汇：中国的众筹平台，成立于2011年，是我国最早涉足股权众筹的互联网公司之一。除了融资服务，天使汇还可以为项目方提供融资前指导、宣传推广、后期融资等服务。

2. 产品众筹平台

Kickstarter：美国产品众筹平台，平台上众筹项目包含艺术、电影、新闻、工艺品、时尚、设计、漫画等15个品类。早在成立之初，就有几百万人通过该平台进行投资，完成投资的项目近2万个，总投资额近5亿美元。

淘宝众筹：中国众筹平台，2014年成立，力求成为全中国最大的消费类众筹平台。仅一年多的时间，淘宝众筹就上线众筹项目2000多个，累计筹款金额近6亿元。其中科技类项目是淘宝众筹的主要业务，筹资占比接近90%，数量占比为40%。其中的智能萝卜平衡车，筹款金额高达2366万元，参与人数超过5.5万人，创下筹款金额最高纪录。

3. 艺术众筹平台

Patreon：美国众筹平台，成立于2013年。众筹的产品包括影视剧、动漫等，Patreon上的数千名艺术家，每个月所筹集的发展资金达10万美元。在这些艺术家中，绝大部分是独立音乐人，他们缺乏专业的发行渠道和唱片生产能力，因此在Patreon上直接与支持者（或者粉丝）沟通是一种不错的方式。

淘梦网：中国的众筹平台，隶属于北京淘梦网络科技有限责任公司，是目前领先的新媒体影视平台，提供专业的影视众筹和营销发行服务。其代表作品有《二龙湖浩哥》系列、《道士出山》系列、《国产大英雄》系列。2015年淘梦网获得A+轮融资，估值5亿元。之后，更是发展迅速。

4. 公益众筹平台

Crowdrise：来自美国的公益众筹平台，是一家专注为慈善项目提供众筹服务的众筹网站，主要为第三方机构举办的慈善募捐项目提供在线筹资服务，并从每笔汇款中抽取3%~5%的费用。Crowdrise由著名演员爱德华诺顿、编剧RobertWolfe等于2009年创建。5年后，Crowdrise宣布获得2300万美元风投融资。

腾讯公益：中国公益众筹平台，成立于2007年。腾讯公益一直致力于深度融合互联网与公益慈善事业，利用网络的力量，让公益和民众互动起来，大众成为公益主角。截至今日，腾讯公益平台捐赠总额上亿元，无数人奉献了爱心。

二、从金融角度看国内外股权众筹区别

互联网金融的兴起带来了巨大的变化，曾经我们以为的不可能成为可能，而真正创业者的春天已经到来。我们来看一下中美股权众筹的一些案例。

1. Wefunder：美国股权众筹平台

Wefunder的运作模式如下：首先，Wefunder将网站上的公司都进行了详细的调研，有一定的专业可信度。用户只要把钱给Wefunder，然后找到自己中意的公司，直接点击网页上"Invest"这个按钮，输入最低1000美元的投资金额，就成功在Wefunder上投资了这家公司。

接下来投资者还需要在线签署投资文件，创业公司确认接受你的投资后，你会收到一份股份证书，就算投资有效了。所有的这些流程都不需要在线下完成。

在初创项目的在线融资完成后，Wefunder会将所有确定投资的用户的投资款集合起来，成立一个新的独立的小基金，然后对这个创业公司进行持股。也就是说，所有的投资人在创业公司这边只体现一个集体股东。每个独立的投资人是没有投票权等各种权利的，他们只有等到公司被并购或者上市后才能退出。

2. 大家投：中国"草根"众筹平台

在我国，和Wefunder模式类似的是"大家投"网站。大家投网站是由深圳创新谷投资的一家股权众募平台，自身就是靠众募起家。由创新谷领投，11位投资人跟投，融资100万元，而这12位投资人分别来自全国8个城市，6人参加了股东大会，5人远程办完了手续，这里面甚至有4个人在完全没有接触项目的情况下决定投资。

在大家投平台上，创业者可以按照平台的要求填写商业计划书，填写融资额度等需求，而投资人如果看上这个项目，就可以选择去领投或者跟投这一项目，如果投资人认领的额度达到创业团队的要求，那么这个项目融资成功，多位投资人成立一个有限合伙企业，由领投人负责带领大家一起把钱分期投给创业团队。大家投这个平台每撮合成一个项目，就会抽成5%作为平台的回报，这个费用包括有限合伙企业工商注册代办与5年内的报税年审费用。

在我国，股权投资一个最大的问题是信用问题。由于在我国小股东权益很难受到保障，投资人怕把资金投给创业者以后他们跑掉，而创业者则怕投资人承诺的资金无法及时到账，在企业的产品研发和运营上无法把握节奏。此外，有些投资人借投资名义套取商业机密在我国的市场环境下也是常有的事情。

"大家投"为了解决这个问题，联合兴业银行推出了投付宝，即投资人先把款打到托管账户，然后再统一办理工商手续并把款拨到创业者账户。如果约定根据企业的产品开发进度分几次注资，那也可以通过投付宝第三方托管的方式实现。这样既最大程度上保护了投资人利益，也解决了创业者的担心。

另外，大家投推出了针对连锁服务业项目异地开店的股权众筹专版，融资项目要求是只要有两家以上在营店盈利即可。这个思路有市场潜力：一方面相比科技创新项目，投资风险要小；另一方面这样的项目一般人都看得懂，潜在投资人群体数量巨大。

3. 互联网金融的精英聚集地：天使汇

中央电视台新闻联播报道了中关村的互联网金融企业天使汇，这使得从事互联网金融的朋友们深受鼓舞。大家熟悉的打车软件"滴滴打车"和"黄太吉煎饼"，都是在天使汇上成功募集到了天使投资的资金。

开始的时候，天使汇只是一个创业项目和投资人之间的信息平台。很快天使汇借鉴了国外的一些经验，提出了"领投+跟投"的机制，领头人专业背景相对深厚，可以打消非专业投资人经验不足的顾虑，相对于跟投人，领头人虽然要承担更多的风险，但也能获得更多的收益。

天使汇创造性地推出"快速团购优质创业公司股权"的快速合投功能，上线仅仅14天就获得开门红，成功为创业项目Lava Radio募得335万元的资金，比预定融资目标250万元超出34%。这是国内第一个在网络平台上众筹成功的项目，也是天使众筹完成的第一单，从而使天使汇升级为众筹融资平台。

天使汇的CEO兰宁羽认为:"快速合投这种方式更灵活、更有效,也非常有潜力,为国内广大中小企业和创业团队带来一种全新的融资方式,大大降低了创业初期资金募集的门槛。它告诉创业者,没有钱不是问题,只要有可靠的想法,有优质的团队,就可以获得融资。"

下面把天使汇和大家投做一比较,如表5-1所示。两家平台最大的差别是:天使汇是精英型的,对领投人有要求;而大家投是"草根"型的,只要愿意投钱都可以成为合格的投资人。

表5-1 天使汇和大家投的比较

对比项目		天使汇	大家投
项目定位		科技创新项目	科技、连锁服务
项目融资时限		30天,允许超募	没有限制,不允许超募
项目资料完善与估值		领投人协助完善项目资料与确定估值	平台方协助完善项目资料,估值先由创业者公开报价,议价由领投人负责
投资人要求		要求有天使投资经验,审核非常严格	没有限制要求,不审核
领投人规则	资格	至少有一个项目退出的投资人方可取得领投资格	有一定工作经验即可
	激励	项目创业者1%的股权奖励;跟投人5%~20%的投资收益	只有项目创业者的股权奖励,具体激励股数不限制,由领投人与创业者自行约定
	费用	平台收取5%的投资收益	无任何费用,投资收益全归自己
跟投人规则	资格	尚未具体公布	没有任何限制
	费用	平台收取5%的投资收益,领投人收取5%~20%的投资收益	无任何费用,投资收益全部归自己所有

续表

对比项目	天使汇	大家投
投资人持股方式	投资人超过10人按有限合伙，10人以下按协议代持	全部按有限合伙
投资款拨付	一次性到账，没有银行托管	可以分期拨付，由兴业银行托管
手续办理	提供信息化文档服务	提供所有文档服务与所有工商手续代办服务，还提供有限合伙5年报税与年审服务
平台收费	项目方获得5%的服务费，投资人获得5%的投资收益	只收项目方5%的服务费，对投资人不收取任何费用
项目信息披露	非常简单，没有实现标准化	完全实现标准化，要求项目信息披露非常详细（创业者可以设置：投资人查看项目资料需经创业者授权）
总结	专业投资人的圈子内众筹，"草根"参与较难	门槛较低，"草根"投资人容易参与

对于创业者来讲，如火如荼的股权众筹平台绝对是很大的利好。这意味着只要有优秀的创意、产品或者团队，创业者就可以找到资金，避免了频繁地和投资机构见面、尽职调查等只适合大公司投融资的流程。

三、在我国面临挑战的主流众筹项目

在互联网金融领域，"众筹"成为一个热词。随着2015年两会提出"开展股权众筹融资试点"方案，股权众筹正式被国务院写入了政府工作报告，众筹行业受到前所未有的关注。

1. 众筹迎来发展"风口"

"众筹"是指人们在互联网上的一种合作行为，汇集一定的资金以支持其他人或组织发起的某项行为。

2014年，是中国众筹大发展的一年，据统计，2014年中国权益众筹市场融资总规模达到4.4亿元，京东众筹、众筹网、淘宝众筹、点名时间和追梦网这五家平台融资规模总额达到2.7亿元，占比达到60.8%。

其中，京东众筹融资规模为14031.4万元，占比为31.6%，位居第一；众筹网融资规模为4903.9万元，占比为11.0%，位列第二；淘宝众筹融资规模为3950.7万元，占比为8.9%，位列第三；点名时间和追梦网位列第四、第五，融资规模分别为3182.6万元和965.1万元，占比分别为7.2%和2.2%。

"1713年亚历山大通过众筹的方式出版了《伊利亚特》；1858年，纽约通过众筹建造了自由女神像的基座；2011年全球第一家股权众筹平台Crowdcube在英国上线；2014年以聚募为代表一批国内股权众筹网站上线。可见众筹不是今天才有，但现在为什么会这么火？"聚募众筹的联合创始人邵锟分析，"当下国内经济增速放缓，传统产业境遇每况愈下，转型升级的难度颇大，一直以来中国十分依赖的基础设施投资拉动效果逐渐减弱。我们发现，经济活跃的原动力，不是大央企、不是资本大鳄，而是社会中基本的小分子。然而，产品上得不到认可、精神上得不到支持、经验上得不到帮助、资金上得不到支援等重重困难阻碍了更多的创业者、活跃分子的参与。此时，众筹应时而生。"

众筹工坊创始人江南说："经济结构调整的大背景下，经济持续下行给经济增长带来巨大压力，社会融资渠道过窄、中小企业融资成本过高难题迟迟得不到破解，政府亟须找到新的拉动经济增长、完成结构转型的抓手，而众筹的出现，为政府解决了就业难题。"

众筹模式为小微企业的资金需求提供了可能。江南认为："中国经济历经40多年的高增长，也培养出一大批资金富裕的中产阶级，在三四线楼市停滞、股市低迷、实业不兴的背景下，这些资金亟须找到合适的出口以做到保值增值。股权众筹的出现，为富余资金提供了绝佳的出口。"

此外，在技术层面上，移动互联网技术的成熟，也为信息的低成本、大范围传播提供了强劲的技术支撑；而在文化层面上，创业意识日益深入人心，甚至成为时尚。很多大学毕业生从毕业开始就有了创业的想法，就业只是为了以后更好地创业。江南说："初创企业，根据传统的融资渠道，获取资金支持几乎是不可能的；而中国的天使投资行业规模还非常之小。众筹，天时地利人和，适时出现。"

众筹行业的快速发展，对中国经济的发展具有重大的意义。

第一，众筹有利于缓解小微企业融资难的问题，鼓励创新创业。

第二，有利于丰富投融资渠道，刺激金融创新。

第三，有利于引导民间金融走向规范化，拓展和完善多层次资本市场。

第四，有利于分散融资风险，增强金融体系的弹性和稳定性。

第五，有利于创造就业机会，促进技术创新和经济增长。

作为我国互联网金融六大模式之一，众筹拥有强大的爆发力及良好的发展前景。

2. 线上创新孵化器

淘宝众筹负责人高征认为："众筹目前就四种形式：第一种是股权众筹，就是你给我一块钱，我给你相对应的股份；第二种叫债权众筹，你给我一块钱，我给你相对应的利息回报；第三种叫募捐众筹，你给我一块钱，我给你感谢的资金；第四种叫回报众筹，就是你给我一块钱，我在未来约定的一段时间给你相对应的商品。这四种模式筹的不完全是钱。它可以帮助项目获得推动资金；可以在企业没上市的时候就找到一帮拥护者；也可以让产品在创意的过程中把用户的想法贯穿进去，由用户检验产品；还可以让用户筹集渠道，筹人，筹钱，筹智，等等。"

淘宝众筹2015年推出了100个100万级的众筹项目，帮助设计师和创意者实现商业价值，同时启动"C+孵化"计划，致力于将淘宝众筹平台打造成为一个能为每个有想法的人实现梦想的孵化器，实实在在地让创意变成产品。这就是回报众筹。

回报众筹也称为产品众筹或权益众筹，是指在项目的种子期，通过互联网发布、向网友募集项目资金的模式，以项目产品或权益等作为回报的众筹形式。回报众筹利用互联网的传播特性，让小企业、艺术家或个人对公众展示他们的创意，吸引公众的关注和支持，进而获得所需要的资金援助。

暴风影音联合创始人陈建庚说："2014年11月，在淘宝众筹发起的暴风魔镜项目，一个月时间获得270万元的众筹金额，超过1.8万人购买，在用户数和品牌知名度上取得了巨大的成功，对整个暴风影音公司的融资产生了深远的影响。此前暴风影音的用户群体中，极客和普通用户比例为7∶3，通过众筹的这种方式，产品正在向普通用户扩散。"

淘宝众筹负责人高征说："淘宝众筹成功的项目中，智能硬件占到了绝大多数，目前有20多个已经获得风投，而暴风影音无疑是淘宝众筹目前孵化的最高市值项目，希望未来平台能够帮助更多初创企业实现腾飞。"

除了淘宝众筹，苏宁众筹也做得风生水起，正式上线的苏宁众筹分为科技、设计、公益、农业、文化、娱乐等品类。其中一款"看球还能赚钱"的消费金融产品吸引了众多投资者的关注。这是苏宁众筹携手知名视频网站PPTV、万向信托、金杜律师事务所试水的众筹产品"PPTV欧冠足球宝"。用户只需认筹不同限额的"欧冠足球宝"，在获得PPTV会员无广告直播等观球权益的同时，还可获得预期年化收益率8%的增值收益，更有机会获得巴萨主场诺坎普球赛门票、欧冠转播赛事特别鸣谢等会员专享权益，被苏宁众筹定义为全国首款互联网金融体育类产品，兼具体育产品的娱乐性和金融产品的高回报性。

苏宁众筹在互联网金融领域刷新了产品模式，该产品实际上是PPTV通过众筹的资金用于欧冠转播权投资及运营，从而向参与众筹的球迷让渡产业发展红利而实现的双赢结果。

当前，中国众筹市场虽然平台众多且品类繁杂，但大多数是"团购+预售"的变相购物模式，并不能发挥众筹这一全新互联网金融模式的潜力。通过"欧冠足球宝"产品，苏宁众筹在众筹领域引入创新、多样的新玩法，其战略方向由此得以窥得冰山一角。

苏宁众筹相关负责人认为："苏宁定义的众筹，不仅是实物类众筹，而且是开发更多结合用户生活、兴趣的金融型众筹，即玩即赚钱。"苏宁力求在该领域打造"互联网+金融+N"的概念，"N可以是体育、影视，比如首批预热上线的PPTV欧冠足球宝；也可以是公益、科技，比如梦想大巴，我们希望给参与者带来不一样的新鲜体验。同时，我们十分重视用户的参与感，以及众筹项目发起人和用户之间的双向互动，给参与者提供争当产品经理，参与产品设计、制造的机会。"

3. 提高创业和投资效率

2014年12月，中国证券业协会公布了《私募股权众筹融资管理办法（试行）（征求意见稿）》（以下简称《征求意见稿》），明确了股权众筹的合法地位和重要意义；2015年1月，首批中国证券业协会会员的8家股权众筹平台名单出炉，"股权众筹"进入正规化；2015年1月，中国证券业协会对《私募股权众筹融资管理办法（试行）》进行了修改，降低投资者准入门槛；2015年3月，国务院办公厅印发的《关于发展众创空间推进大众创新创业的指导意见》中明确，开展互联网股权众筹融资试点，增强众筹对大众创新创业的服务能力……

政策的利好吸引众多投资者纷纷踏足。中国平安集团加速布局互联网金融，斥资1亿元成立了股权众筹平台"深圳前海普惠众筹交易股份有限公司"（以下简称"前海众筹"）。"前海众筹"的业务重点是创新股权众筹、房地产众筹及其他众筹。平安抓住这个新的业务领域的机遇，为市场提供创新的金融产品和服务。

与平安集团受到同样关注的是互联网巨头京东金融的入局。作为京东权益类众筹在情怀上的延伸，京东通过布局股权众筹，提升创业企业融资能力，同时为投资人带来更多优质项目，让投资人分享风投的丰厚收益。

从模式上来看，股权众筹的方式包括私募与公募，而京东做的是私募。京东股权众筹采用的是"领投+跟投"模式，即在众筹过程中由一位经验丰富的专业投资人作为"领投人"，众多投资人选择跟投。领投人用他们的资金进一步撬动跟投人的资金，同时获取跟投人利润的分成。

在领投人的门槛设定上，京东股权众筹的要求为：收入不低于30万元，金融机构专业人士，金融资产100万元以上，专业VC（创业投资），满足其一即可。对比《征求意见稿》的相关规定，京东股权众筹的门槛相对更低，几乎是卡着甚至低于下线来设定的。

对此，京东股权众筹负责人金麟表示："京东股权众筹的上述门槛只是初步拟订的，是根据立法精神和对相关法规的理解而设定的，具体评估是符合监管层对于投资人保护的精神的；但下一步如果立法的版本有严格、明确的要求，我们也会根据最新的要求来进行修订。"

一般股权众筹流程为：项目筛选，创业者约谈，确定领投人，引进跟投人，签订投资框架协议，设立有限合伙企业，注册公司，工商变更/增资，签订正式投资协议以及投后管理和退出。对照来看，京东金融从整体投资的前、中、后过程而言，操作流程为项目审核、项目上线以及股东确认投后管理。

在项目审核阶段，包括创业者通过线上平台发起项目，京东众筹平台内部审核，项目方沟通，项目上线准备四个环节；项目上线阶段，包括预热路演，约谈确定领投人，上线，引入跟投人四个环节；后期则包括股东确认，注册有限合伙企业，投后管理以及股东退出几个环节。

以京东股权众筹平台上线的一个项目为例，领投人为洪泰基金，目标人数为11人，剩余时间为44天，融资目标为200万元，目前已筹集140万元，如果想投资这个项目，最低投资额为5万元。投资5万元，所获得的份额计算为，投资金额/（投前估值+本轮实际融资金额+京东以平台服务费形式入股的金额），当满足100%之后，可以参与小股东参投计划，最低投资额为5000元。

假设该项目估值2000万元，天使轮融资200万元、出让10%的股份，大众投资者参与了京东小股东参投计划投资1万元。那么，该投资者能占据这个公司的股份为0.02%；如果是投资5万元的跟投人，估算占公司的股份比例小于0.22%。在股权不被稀释的情况下，该项目达到A轮融资时估值增长到2亿元，并且投资人成功退出，参投小股东能拿到4万元的回报，跟投人拿到约44万元，分别是4倍和近8倍的回报。

以前，VC（创业投资）、PE（私募股权投资）、天使投资离普通投资者很远，都是有资本、有实力的个人和机构才能玩得起的；现在股权众筹平台让创投走下了"神坛"，投资者只要花两三万元，就能和知名VC、PE、天使投资人投一样的项目。

股权众筹在过去最大的贡献是颠覆了曾经的销售理念，将"以产定销"的传统销售流程转变为"以销定产"的全新流程。在这一转变中又融入两大概念：一是生产者和消费者的角色发生了融合，赋予"主动"这一概念新的内涵；二是在产品打造过程中，背后的精神共鸣和文化价值具有更大的意义。

股权众筹也为不懂资本运作却拥有高成长空间的商业模式创造了"蓝海"空间，更大程度去除了创业者和投资者间的中介瓶颈，降低了创业项目融资过程中"劣币驱逐良币"的可能性。

股权众筹模式让创投的效率大大提高了。同时，股权众筹平台也是服务机构，为投融资双方服务。一头是融资方，可以在平台进行项目展示，平台还可提供大数据服务，进行评估、跟踪管理等；另一头是投资机构，平台可以提供约谈服务等，对投资机构来说省心很多。

四、国内迎来"泛众筹"时代

众筹进入中国较晚，当下中国第一批成立的众筹网站依旧处于探索状态，整个行业仍在发育期。比如，2012年成立的淘梦网，为了避开与点名时间的正面竞争，已转型进入了电影领域；而点名时间作为曾经最大的回报型众筹平台，却直接撕掉了众筹的标签，转型进入智能硬件领域，放弃了用三年时间获得的行业地位。

这些众筹平台之所以选择转型，多是因为国内缺乏众筹发展所需要的环境，老百姓对于募捐众筹接受度不高，加上很多众筹平台缺乏好的商业模式和盈利点，如果仅仅在项目成功后从中抽取5%~10%的佣金，很难维持平台的正常运作。最终导致很多平台借众筹的名义为产品做"预售"，甚至其主要的功能是为产品曝光，为项目做推广宣传，实质上已经远离众筹。

类似这些对众筹实质的偏离，并不代表中国众筹市场的衰落，相反成为一种推动力，甚至出现了"外来的和尚好念经"的现象。有一家澳洲众筹网站Pozible，高调宣布进入中国众筹市场，并吸引了国内不少创业者的眼光。由此可见，中国的众筹市场还是非常具有前景的。

国内一些优秀的创业项目不太愿意上点名时间之类的国内众筹网站，主要是因为这些众筹平台预售成分较浓，反而他们更加愿意上Kickstarter这样的知名网站，如果众筹成功，除团队可以获得一笔启动资金之外，还能够吸引VC们的注意，这是更为重要的一点。另外，网络巨头纷纷涉足众筹，京东"凑份子"抢占先机，百度众筹跃跃欲试，众筹行业风云暗涌。

竞争形态变得非常激烈，国内的众筹平台在进行同行业的较量，海外众筹平台也在抢滩登陆，企图与国内的平台"抢用户"。另外，各种众筹法规即将出台，国人对我国众筹平台的发展方向摸不准。当然，其中很多平台选择了转型，这一方式又有多少胜算？转型风险较大，反而切断了众筹平台的退路，如此看来，平台泛众筹显得更为妥当。

所谓"泛众筹"，是指随着众筹的发展，众筹平台不单单停留在项目众筹上，而是实现统一内容多领域发展，提供更多需求服务。泛众筹处于众筹与非众筹的分界点，就算众筹相关政策出来，对众筹加大约束力度，平台也可以利用泛众筹发展，避开众筹的敏感地带，这样众筹平台就可做到"进可攻，退可守"。

与传统的众筹模式相比，泛众筹重点体现在服务方面。在众筹项目发布的前后，一个个优秀的众筹项目都源自一些零散的、碎片化的甚至是非常不起眼的想法，这些想法往往是最富于个性、创意的，但由于缺乏科学系统的整理包装，使得这些想法最终没能转换成创意，于是就有了重在项目"前"的泛众筹平台的诞生。

下面我们来看一个泛众筹的案例。

酷望网进行改版，添加了"谈想法""找伙伴""搞活动"。也就是说，以后用户在网站上不单单可以筹资金，还可以发起一个"想法"，然后通过"喜欢"这个想法的人数来预测用户想法的可行性；通过"找伙伴"组建自己的团队，创建项目，甚至可以通过"搞活动"把项目、团队推广出去。

跟其他众筹平台相比，酷望网的"预售"成分并不多，但是这项"前"服务，实质上为用户提供了一个想法发现、创意优化、项目成型以及项目推广的闭环模式。

酷望网作为大学生众筹平台，不单单为创业大学生提供了一个可行之道，同时也使得泛众筹平台向众筹项目走"前"了一步。

在众筹网和点名时间上，硬件"预售"项目居多，其中很多项目发起人都有自己的工作室和创作团队，这类用户对于泛众筹"后"服务的需求更大一些。毕竟已经有成型的产品，不再是为了资金而众筹，更多地是打了众筹的口号在做"预售"，他们更乐意把众筹平台当作产品曝光的平台，利用平台本身的用户群，把自己的产品推广出去。众筹平台索性就利用这一优势，为用户提供一整套的众筹服务，包括市场营销、品牌公关、海外渠道、人才招聘等，接下来众筹平台可以选择的服务会更多。

在国外，众筹的发展相对比较成熟，众筹平台不会进入泛众筹的圈子，因为这些事项他们都是通过众筹第三方服务去完成的，而在国内因为缺少众筹发展的环境，导致平台把这些事情也揽下来做，进入泛众筹。酷望网不是以"预售"为主，众筹服务重点适合放在项目发布之前；而点名时间、众筹网，"预售"项目居多，自然会把众筹服务重心放在项目发布之后，这是一个明智的选择，这样可以为更多的团队解决更多的有产品之后的问题。不管如何，泛众筹对中国平台来说，也算是顺势而为。

第六章

众筹风险和法律援助

有人曾说："对于传统互联网创业者来说，如果失败了可以从头再来，最多是面临巨大经济损失甚至破产；而对于互联网金融创业者而言，如果逾越了法律红线，则可能进去就出不来了。"这充分说明以众筹为代表的互联网金融可能存在巨大的法律风险。

众筹融资
——"双创"时代企业变革新路径

第一节　众筹存在的风险因素

众筹风靡全球的同时，也存有风险，主要体现在三个方面。

第一，对项目方而言，要加强对知识产权的保护。由于国内的知识产权保护较弱，如果好项目过早地在众筹平台上募集，很容易被"山寨"，因而项目选择什么时间点在众筹平台发布，也是有学问的。

第二，对投资者而言，由于国内整体信用环境比较差，违约的成本很低，投资者有可能被"忽悠"。在众筹平台上，如果项目发起方是陌生的，所提供的项目信息又不会太多，对于他们能否严格执行并遵守承诺，很多想投资的人会打个小小的问号。这也促使很多投资者倾向于选择熟人或者朋友推荐的方法来参加众筹。

第三，对众筹平台而言，由于众筹是面向公众的一种集资模式，可能会踩到法律的红线。

关于众筹的法律风险，下面我们来详细论述。

众筹平台的建设过程是全新的资本市场底层结构重构的过程，考察国内众筹平台的运营模式，不难发现风险可能存在于众筹的各个环节中。

根据我国线上众筹（众筹平台）及线下众筹（无众筹平台）的模式，结合国内现行的法律法规，众筹可能面临诸多法律风险。

1. 刑事法律风险

结合我国刑法来看，众筹可能面临如下几类刑事犯罪法律风险。

（1）非法吸收公众存款罪。

众筹在中国的法律背景下可能遇到的第一个刑事法律风险，就是非法吸收公众存款罪。下面通过两个案例来认识一下非法吸收公众存款罪。

案例一：

华安公司于2004年9月登记成立，黄应龙担任该公司法定代表人。因经营煤炭需要资金周转，华安公司于2006—2009年，以高息为诱饵，通过黄应龙及其他人的介绍，以借款的形式先后向钱俊锋、顾进、海阳公司等个人和单位吸收资金，合计人民币13 196万元，用于该公司经营煤炭，造成被害人及被害单位经济损失达7967万元。2009年7月28日，黄应龙主动到公安机关投案，交代了主要犯罪事实。

海安县法院认为，华安公司因经营煤炭需要周转资金，未经中国人民银行批准，以高息回报为诱饵，单独或伙同他人向社会不特定对象吸收资金，扰乱金融秩序，数额巨大，其行为已构成非法吸收公众存款罪。黄应龙系单位犯罪直接负责的主管人员，依法应当以非法吸收公众存款罪追究刑事责任。华安公司在共同犯罪中起主要作用，系主犯。根据被告单位和被告人犯罪及量刑情节，于2010年6月依法判处华安公司罚金人民币49万元；判处黄应龙有期徒刑9年6个月，并处罚金人民币45万元。

案例二：

2005—2008年，被告人李广盛未经中国人民银行批准，自制"全国农村合作社云安代办站凭证"，承诺以银行同期利息结算，先后向附近群众非法吸收存款1029人次，共计人民币361万余元。至案发时尚有376人次共计人民币148万余元未兑付。案发后被告人李广盛及其家人退赃款计人民币82万余元，用物品给群众折款11万元，实际造成损失人民币55万余元。

射阳县法院认为，被告人李广盛非法自制凭证，吸收公众存款，扰乱金融秩序，数额巨大，其行为已构成非法吸收公众存款罪，依法应予以惩处。根据被告人犯罪及量刑情节，于2012年2月依法判处李广盛有期徒刑4年，并处罚金人民币10万元。

通过以上两个案例可以看出，非法吸收公众存款的显著特征是：未经中国人民银行批准，擅自向不特定的社会公众吸收资金，承诺回报，最终造成了经济损失。

根据我国刑法对非法吸收公众存款罪的规定，个人实施非法吸收公众存款，数额巨大或者有其他严重情节的，处三年以上十年以下有期徒刑，并处五万元以上五十万元以下罚金。单位实施非法吸收公众存款，对单位判处罚金，并追究刑事责任。

很多人对非法集资有误解，认为只要不公开，只要对象不超过200人就不算非法集资，其实这是一种错误的认识，是把非法集资与非法证券类犯罪的立案标准混淆了。

（2）集资诈骗罪。

众筹在中国的法制环境下可能面临的第二个刑事法律风险就是，集资诈骗罪。该罪比非法吸收公众存款罪更严重。下面通过一个案例来认识一下集资诈骗罪。

被告人吴英于2003—2005年在东阳市开办美容店、理发休闲屋期间，以合伙或投资等为名高息集资，欠下巨额债务。为还债，吴英继续非法集资。2005年5月至2007年1月间，吴英以给付高额利息为诱饵，先后从林卫平等11人处非法集资人民币7.7亿余元，用于偿付集资款本息、购买房产等，实际诈骗金额为3.8亿余元。

2012年5月21日，浙江省高级人民法院经重新审理后，以集资诈骗罪判处吴英死刑，缓期2年执行。

根据刑法规定，集资诈骗罪是指以非法占有为目的，使用诈骗方法

非法集资，数额较大的行为。集资诈骗犯罪性质比非法吸收公众存款更为恶劣严重，最高刑可以处以死刑。

由上述规定可见，刑法对于非法集资类犯罪采取极其严厉的立法态度，甚至将集资诈骗类犯罪规定为重刑。众筹的大众参与集资的特点极容易与非法集资关联起来，因此，涉及资金类众筹与非法集资犯罪存在着天然的联系，犹如处于楚河汉界两边一样，稍有不慎就会越界，就有可能触犯非法集资的法律红线，涉嫌非法集资类犯罪。

最容易触犯上述两大非法集资类犯罪的是债权众筹。如果采用资金池的方法吸收大量资金为平台所用或者转贷他人获取高额利息，则该类债权众筹存在极大的法律风险，一旦达到刑事立案标准，则可能涉嫌非法吸收公众存款罪。如果债权众筹虚构项目，将吸收的资金挪作他用或者用于挥霍，或者融资者卷款跑路，则该类债权众筹涉嫌集资诈骗罪。

（3）欺诈发行证券罪。

众筹可能涉及的非法证券类犯罪就是欺诈发行证券罪。虽然对于大多数众筹而言，不太可能去发行根本不存在的股份，但是夸大公司股份价值和实际财务状况的情况还是可能存在的，因此，我们需要充分认识该类犯罪的实质。

A公司为某省高新技术企业，专注于数据存储设备。2007年，A公司准备上市，但因为销售收入、营业利润等达不到标准，董事会开会决定让其主管会计王某修改利润报表数据30余处，导致后期招股说明书中数据与事实严重不符。2010年7月，公司侥幸成功在某证券交易所上市。上市后，公司盈利能力有限，股票走势低迷，股民和网民联合搜索公司上市文件，发现该公司粉饰会计报表，隐瞒事实真相，遂举报至证监会，后该案进入刑事侦查，被以欺诈发行证券罪立案查处。

我国刑法规定：在招股说明书、认股书、公司、企业债券募集办法中隐瞒重要事实或者编造重大虚假内容，发行股票或者公司、企业债券，数额巨大、后果严重或者有其他严重情节的，处五年以下有期徒刑或者拘役，并处或者单处非法募集资金金额百分之一以上百分之五以下罚金。

（4）擅自发行证券罪。

擅自发行证券罪对股权众筹的发起人而言，如影随形。该类犯罪"天生与股权众筹有缘"，在当下也是股权众筹最容易触碰和最忌惮的刑事犯罪。

2004年，梁某筹建了好一生股份公司，并于2005年将好一生股份公司的股票通过西安联合技术产权交易所挂牌。在未经证监部门备案核准的情况下，梁某以每股1至3.8元不等的价格向社会公众签订了《股权转让协议》，发行好一生股份公司的"原始股票"。此外，好一生公司还组织业务人员在南宁街头摆摊设点向公众推销，以现金方式认购。在销售时，好一生公司对外虚假宣称保证每年向股东分红不少于每股人民币0.10元，股票持有人可在技术产权交易中心自由交易。同时承诺，公司股票若在2008年12月30日前不能在国内或海外上市，公司就以双倍价格回购。

2007年12月，南宁市青秀区人民检察院向南宁市青秀区人民法院提起公诉。2008年4月，南宁市青秀区人民法院一审判决好一生公司犯擅自发行股票罪，判处罚金人民币10万元；被告人梁某犯擅自发行股票罪，判处有期徒刑3年。

上述案例就是典型的擅自发行证券罪。根据刑法规定，公开发行证券必须依法经证券主管部门审批，否则可能涉嫌非法证券类犯罪。股权众筹最有可能触犯的就是擅自发行证券罪。如果股权众筹平台或者发起人发起股权众筹，以公开的方式向不特定的人招募，或者向超过200名特定的人公开募集股份，则构成擅自发行证券罪。根据司法实践，基于SNS社交平台进行的宣传或推广，属于公开方式。

由此可见，债权众筹最可能触犯的是非法吸收公众存款罪、集资诈骗罪；股权众筹最可能触犯的是欺诈发行证券罪及擅自发行证券罪。规范类运作的回报型众筹和募捐型众筹，一般不会触犯刑事法律。如果假借众筹从事犯罪活动，则可能触犯集资诈骗罪。

除了上述几类主要刑事法律风险之外，作为众筹的平台，还可能面临虚假广告犯罪和非法经营犯罪等。

（5）虚假广告犯罪。

如果众筹平台应知或明知众筹项目存在虚假或扩大宣传的行为而仍然予以发布，并且造成了严重的后果，达到了刑事立案标准，则涉嫌虚假广告犯罪。

（6）非法经营犯罪。

如果众筹平台未经批准，在平台上擅自销售有关的金融产品或产品，并且造成了严重后果，达到了刑事立案标准，则涉嫌非法经营犯罪。

2. 行政法律风险

与刑事犯罪法律风险相对应，就目前看，众筹在我国可能会遇到以下几类行政违法法律风险。

（1）证券类行政违法行为。

如果未经批准擅自公开发行股份，在未达到刑事立案标准的情况下，则构成行政违法行为，依法承担行政违法责任，由证券监督机关给予行政处罚。

（2）非法集资类行政违法行为。

如果非法集资行为未达到刑事立案标准，则构成行政违法行为，依法承担行政违法责任，由中国人民银行给予行政处罚。

（3）虚假广告行政违法。

如果众筹平台应知或明知众筹项目存在虚假或扩大宣传的行为而仍然予以发布，但尚未达到刑事立案标准，则涉嫌虚假广告行政违法。

（4）非法经营行政违法。

如果众筹平台未经批准，在平台上擅自销售有关的金融产品或产品，但尚未达到刑事立案标准，则涉嫌非法经营行政违法。

3. 民事法律风险

众筹除了要面对刑事法律风险和行政法律风险之外，还可能面临民事法律风险。由于众筹存在的大众参与集资模式涉及人数众多，这必将导致大家利益安排不一致，关注点不相同。所以，必然伴随以下民事法律风险。

（1）合同违约纠纷。

众筹最可能存在的合同违约，主要表现在产品质量不符合约定，交货期不符合约定，不能如期提交约定回报结果，不能如期还款造成的债务纠纷等。

（2）股权争议。

股权众筹还可能引发股权纠纷以及与公司治理有关的纠纷。此外，对于采取股权代持方式的股权众筹，还可能存在股权代持纠纷等。

（3）退出纠纷。

股权众筹还涉及一个退出问题，如果没有事先设计好退出机制或者对退出方式设计不当，极容易引发大量的纠纷。

4. 民事诉讼程序上的问题

除了上述三类民事实体上存在的法律风险之外，众筹在民事诉讼程序上也存在诸多问题，比如诉讼主体资格确定问题，集团诉讼问题，电子证据认定问题，损失确定标准问题，刑民交叉及刑事附带民事诉讼，等等。

因此做众筹,我们不仅要考虑不能触碰刑事法律红线、行政违法法律红线,而且在模式设计上,需要严格履行有关法律手续,完善有关法律文件,设定好众筹规则,将每一个操作流程细化,转化为一个个法律问题,然后用一个个法律文件固化下来,保证众筹的顺利进行,避免不必要的民事法律争议发生。一旦发生纠纷,对众筹成败影响极大。

第二节 项目众筹风险的预防与化解

一、众筹模式的风险揭示

众筹是一种具有巨大发展前景的创新经济模式,但也正是因为其"新",我国诸多配套的法律制度无法迅速跟上,也导致了众筹平台相较于传统的融资平台含有更大的风险。

1. 政策风险

如果政策出台,对众筹项目投资人的数量、单笔投资金额做了明确规定,那么无论是回报众筹还是股权众筹,投资者都面临项目已募集资金被要求返回的风险,这样在从项目成立起到项目资金返回期间的时间成本将成为投资者主要面临的风险。

目前我国众筹领域各主体涉及的法律问题并不是一个监管政策就能涵盖的,整个法制体系的完备才能对该领域的发展起到良好的监督、指导、服务作用。

2. 股权众筹项目的真实性风险

股权众筹项目的投资人一般由领投人、普通投资人组成,针对筹资金额较高的项目,应积极与其他投资人、平台、筹资人进行沟通,对筹资人背景、资产、项目方案、项目同业竞争等情况进行详细了解,确保项目的真实性。投资金额过大的，对于筹资人的创业经历、创业团队成员情况、提供的项目方案、资产负债等情况需要进行实地调研。

3. 众筹平台带来的风险

当下，我国大多数众筹平台对项目方、投资方均是免费的，而用户免费一直是互联网企业在发展过程中秉持的一条重要原则，随着平台发展加速分化，规模较大、发展较早的平台融资轮数及规模受到各方的重视，其估值也逐步提高。此背景下，平台的盈利模式将受到更多股东及投资者的关注，是否能永久持续地对投资、筹资主体免费也是众筹需要关注的重点。

二、众筹风险规避的方法

1. 模式选择

我国众筹模式分为股权众筹、募捐众筹、债权众筹和回报众筹，考虑到目前法律风险不明朗，实践中可以先从法律风险最小的回报众筹模式入手操作，通过不断实践来把控风险。

法学层面上，在法律的框架内可以从三个方面推动众筹的发展：转换募集对象的身份，利用合伙企业的方式，保持契约方式。目前我国对众筹这个模式的监管尚不完善，并且国内外的法律存在较大差异，所以不能简单地将外国的商业模式移植到本国，应对法律进行多角度、全方位的解读，充分利用国内法律政策。

2. 风险提示和信息披露

作为众筹平台，有义务在网站上向投资者详细介绍项目的运作流程，特别是在显要位置向投资者提示可能存在的法律风险、信用风险和道德风险，明确各方的法律责任和义务，以及可能发生争议时的处理方式。

3. 第三方支付平台资金管理及分期打款

筹款、扣除管理费、向项目发起者划款等活动都涉及资金的流动，对资金安全、有序地管理既是众筹平台应尽的义务，也是防范其自身法律风险的重要手段。

对于众筹平台来说，最安全的办法莫过于不直接经手资金，而是通过第三方平台独立运作。这种方式能够更好地在项目发起者和出资者之间建立信用平台，同时也从某种程度上保障了出资者的资金安全。

比如，我国的"大家投"曾推出一个叫"投付宝"的中间产品，对投资款进行托管。对项目感兴趣的出资者把投资款先打到由兴业银行托管的第三方账户，在公司正式注册验资的时候再拨款进公司。

4. 积极做好相关政府部门的沟通工作

尽管众筹作为一种全新的商业模式，在与相关政府部门或监管机构进行沟通时可能存在一定的难度，但积极与主管部门沟通，取得相应的指导或进行项目备案，将会化解在法律模糊地带摸索的法律风险。

虽然众筹的某些模式与国内目前的法律法规相抵触，而且国内的互联网融资环境在信息真实、出资者保护、中介服务上都与互联网金融发展较快的国家存在着较大差距，但众筹模式依然可以尝试从金融创新的角度入手，允许个案试水。

5. 对民众进行金融普及教育

在我国，除专业人士外，普通大众对于金融、投资理财都欠缺专业的知识和系统的教育。某金融学院的常务副院长指出："中国民众普遍缺乏金融普及教育，这也是国内金融非法集资和诈骗案频繁出现的一个非常重要的原因。"

未来中国不仅缺少普惠金融体系，也缺少普惠金融教育。因此，在提供产品信息服务的同时，附加金融教育是十分有必要的，并且会有很大的发展空间。

第三节　众筹项目发起人如何保护自己

作为一个众筹项目的发起者，保护自己的最有效的途径就是保持和投资者之间透明、诚实的交流。如果投资者被告知项目开发过程中可能遇到的各种潜在危机和挑战，那么，开发者在未来可能遇到的危机中就有了一定的保障。

众筹项目发起人可以通过以下两个方面来保护自己的利益。

1. 少承诺，多做事

"少承诺，多做事"，众筹项目的发起者应该将其牢牢记在心上。很多众筹平台都要求众筹项目发起者对回报日期有所限定，所以项目发起者应该给这个日期多一些额外的缓冲额度，从而保证在面临不可预期的问题和困难时也能按时完成对回报的承诺。任何无法实现的承诺，都有可能被视为欺诈行为。

2. 对发起者个人资产的保护

从商业的本质上来说，任何的回报众筹都是一项商业活动，在商业活动中对资产的保护是一个商业计划首先要考虑的。

在美国，建立一个有限责任公司是设立众筹项目的一个有效方法，这样可以很好地将个人资产和公司资产区分开来。相对于不同的州府，责任有限公司的利益和花费是不同的，但是整体来看，有限责任公司是消费经济型结构的公司，只需要花费有限的精力便可以建立。

在美国俄亥俄州，只需要填写一个表格并交纳125美元的费用，你就可以建立一个有限责任公司了。建立一个有限责任公司还有一个好处，就是在税务处理上比较清晰和容易。

第四节　中国众筹的法律援助

证券监管的目标通常有三个：保护投资者，防范系统性风险，促进资本形成。要同时实现这三个相互冲突的目标，在早期有必要以原则导向监管为主，同时建立并坚守基本规则底线。

1. 原则导向监管与规则导向监管

原则导向监管和规则导向监管是各国金融监管普遍采用的方式，美、英是这两种方式的典型代表。

美国金融服务圆桌会议指出："规则导向的金融监管体系是指在该体系下由一整套金融监管法律和规定来约束即便不是全部也是绝大多数金融行为和实践的各个方面，这一体系的重点关注合规性。原则导向的金融监管体系重点关注既定监管目标的实现，且其目标是为整体金融业务和消费者实现更大的利益。"

原则导向监管尽管存在诸如主观性、不确定性等缺点，但通过金融危机的实践检验来看，相比规则导向监管，原则导向监管方式更适用于对金融创新的监管。

英国金融服务局认为："原则性监管意味着更多依赖原则并以结果为导向，以高位阶的规则实现监管者所要达到的监管目标，并较少地依赖具体的规则。通过修订监管手册以及其他相关文件，持续进行原则和规则间的不断平衡……。我们关注作为监管者所希望实现的更清晰的结果，而由金融机构的高级管理人员更多地来决定如何实现这一结果。"

因此，原则导向监管就是找准底线，放开空间，即监管几个重大的原则。这些原则必须遵守，此外就是市场行为。原则导向监管有利于规范金融创新，也有利于促进金融创新。如存在需要并且条件成熟，原则可与规则结合，形成具体监管机制，保障金融安全。

显然，众筹融资的发展，甚至未来的完全证券化过程，如何避免"一管就死，一放就乱"的现象，需要原则监管思路的法律援助。

2. 监管主体地方化

众筹这种互联网直接融资模式，起源于民间，绝大多数根源于地方，不宜采用类似的对传统金融机构的集中式统一监管模式，监管权限应逐步下放到地方。

目前国内由证监会负责众筹的监管，美国由证券交易委员会负责监管。不同的是，美国各州会制定自己的法律，而中国可能很难有地方的众筹法律。

3. 中国的众筹立法方向

中国证监会已经对股权众筹的模式进行调研，中国版的众筹法也许会出台。结合中国《公司法》《证券法》的规定，以及中国的实际情况，法案可能会偏保守，比如股东人数，不大可能像美国一样大幅度提高上限。

未来众筹一定会更加规范且受到监管，规范和监管使我们可以清楚合法与非法的界限。明确规范众筹与非法众筹的区别，培育良好的众筹市场，有利于中国众筹长期健康地发展。

第七章

众筹人，在路上

众筹未来的发展图景是什么样子的，我们恐怕很难想象，但未来必然属于众筹。据有关专家推测，10年内，众筹在全球将有3000亿美元的市场规模。新兴市场国家，特别是在中国。

众筹融资
——"双创"时代企业变革新路径

第一节　未来众筹平台的发展趋势

一、众筹平台最终将几家独大

中国互联网发展迅猛，近10年被百度、阿里巴巴、腾讯三家公司所主导。面对众筹行业这样一个香饽饽，三大公司没有理由不涉及。百度以影视为立足点搞起了百度众筹，阿里巴巴有淘宝众筹平台，腾讯有京东众筹。三大公司均以敏感的嗅觉，闻到了众筹爆发前夜的味道。

未来，众筹平台将几家独大。

根据我国零壹研究院数据中心的监测统计结果，京东进入众筹领域的时间相比阿里巴巴晚了4个月，不过却后来居上，在规模上迅速超过了阿里巴巴。

京东众筹主打产品众筹，在玩法上紧跟热点，新意不断。"双十一"大战，京东推出了1块钱筹房子的设计，为平台聚集起极高的人气。后又推出众筹新模式——信用众筹，允许用户使用京东白条购买部分众筹产品。之后，京东又玩起了盲筹，即在众筹成功前，项目方只对产品的理念和情怀等进行宣传，不告知产品的具体样式、价格等。最后，该项目实现了近8倍的募集率。

二、垂直众筹平台将成为未来主流

已经基本上掌握了互联网用户入口的百度、阿里巴巴、腾讯，势必会在整个行业发展成熟的情况下进行最后的收盘，做一个综合性的众筹平台。这种情况下，独立众筹平台将很难与之抗衡，留给它们唯一的一条路就是向纵深发展，在某一领域里做专做精，建立起足够高的行业门槛。

好在众筹涉及的行业也足够多，涵盖艺术、影视、文化、科技、游戏、硬件等领域，并且这些领域的商业模式各不相同，所以独立众筹网站有足够的发展空间。

比如，众筹网在艺术众筹领域已经开始建立门槛，其中一个众筹项目——《爱上邓丽君》大型舞台剧颇受欢迎，就是源于对这方面的深入了解，这不是其他平台轻易可以做到的。

众筹平台希望借力于市场分工，因此专业的、按产业与项目分类的平台更加符合社会的需求，比如专门关注电子游戏、唱片、艺术、房地产、餐饮、时尚、新闻业等不同垂直细分的专业众筹网站。

评价众筹平台表现如何的重要指标是投资回报。使自己的服务与众不同也是众筹平台选择特定方向的原因之一，只有提供差异化的服务，才能形成核心竞争力。

此外，建立一个垂直型、专业化的众筹平台有助于吸引特定出资者反复投资，因为决定众筹者投资方向的，并不只是简单的宣传活动，他们还会考虑众筹公司是否符合其关注股方向等问题。

三、网络众筹和线下众筹的结合

股权众筹最早起源于中小企业，股权众筹往往与线下众筹结合起来进行，对创业企业给予融资支持。互联网是对股权投融资的一次革命，在未来，很多大型企业的融资都可以通过互联网的方式来解决，都能够大量降低时间成本，以及隐性成本和交易成本。

下面我们来看一个网络众筹与线下众筹结合的案例。

2014年3月，"阳光音基"音乐培训机构CEO宋昭阳在朋友圈发布了一条"关于阳光音基崇文门校区一期股东招募通告"的消息，称感兴趣者可以一股3万元，限购2股，以最短入股期限1年的形式加入"阳光音基"股东大家庭。朋友圈一经发布，许多音乐爱好者及培训机构经营者纷纷转发入股。仅仅4天时间，入股人数就达到30多人。此次音乐培训机构线下众筹模式顺利启动。

宋昭阳创办的"阳光音基"在北京已有5个校区，为什么还要花费每年46万元的房租，众筹一个220平方米的"超大"校区？

原来，在2013年，来自西南地区的同行有意加盟"阳光音基"，坐火车千里迢迢来到北京，洽谈考察市场。但当有意加盟者看到宋昭阳位于积水潭不到30平方米的主校区后，寒暄了两句后就折返了。回忆起当时的洽谈情景，宋昭阳从对方的眼里看出了不信任。从那时起，宋昭阳便计划筹备一个能拿出手的"招牌"校区。

然而，当他想到目前的校区都是周五晚上到周日从早忙到晚，周一到周五才零星几个学生的现状，再开大校区无疑是对培训机构资源的极大浪费。于是擅长资源整合的宋昭阳思考再三，决定采用众筹形式开展新校区。在他看来，筹钱是其次，众筹主要筹的是品牌和人脉。

不把参股人局限在艺术行业内也是宋昭阳的目的所在。此次众筹，来自金融、互联网、医疗、艺术等领域的30多位人士通过宋昭阳的严格筛选成为股东。虽然是音乐培训机构，为了更好地利用资源，吸引人流，宋昭阳计划在周一到周五利用学生上课不集中的时间，在培训机构的音乐厅开展关于金融、健康、教育类沙龙、讲座，将股东对接，资源人脉共享。如此一来，既有每次两三千元的场租，同时又吸引人流进入培训中心，了解"阳光音基"中适合这类人群的成年钢琴速成课，吸引和储备潜在客户群体。

区别于网络众筹，实体音乐培训机构众筹最大的优势就是更接地气。股东投入的每一笔资金其去向及收益情况都是清晰的。对于宋昭阳来说，所有入股人的团结也是需要"经营"的。

两周一次股东大会，一个月一次资产负债表、损益表、支出成本表预览，是宋昭阳的例行工作。"虽然对于入股人来讲，3万元的数目也许并不算多，但是每个入股人都希望看到自己投入的钱用到了哪里，有怎样的回报。"正是本着这样的心理，宋昭阳首先做到在财务上公开，给股东最大的信任和安全感。同时，他也时常与股东聚会、吃饭，个人人品也是宋昭阳做音乐培训机构的信誉招牌。

有投入也要有收益，给入股人最大的福利。每位入股人可以拿到当季利润分红的0.5%；每位股东在入股三年内可享受每季度2500元的免费消费额度，合计30000元，消费范围包括音乐学习、音乐会、场地使用以及参加崇文门校区举办的所有活动。股东的子女也可以免费来校区学习音乐。

众筹未来的成功一定是线上和线下的结合。比如线上的众筹平台"新生活"，在线下各地做路演大厅。如果你的项目没有固定的社群，没有忠诚的"粉丝"，没有一帮信任可靠的人，没有线下的路演，是不行的，特别是股权众筹，只靠网上发布一个信息，从来没有见过面，人家怎么放心给你钱！

第二节　众筹：中小企业融资新平台

一、中小企业发展的资金之惑

许多人害怕贷款，他们宁愿靠自有资金滚雪球式地慢慢发展，也不愿向外界借一分钱。如果行业的变化趋势比较缓慢，这种经营理念不算保守，但如果处于互联网这样的行业里面，这样的经营理念就会给公司带来风险。

实际上，过于保守，完全靠自身资本积累，不敢进行融资，这类企业在现实中占有很大的比例。通常来说，中小企业在一次创业时，由于规模小，多数企业可以自行解决资金投入问题。二次创业则是要转变经济增长方式，实现可持续发展，需要采用新工艺、新技术、新设备，需要大额资金，而完全依靠一次创业时所积累的资金，根本不可能进行二次创业，但许多中小企业过于保守，不愿再承担风险，最终走上衰败的轨迹。

我们从很多企业的上市之路中体会到融资的重要性。企业能不能获得稳定的资金来源，及时融到资金，对经营和发展都非常重要。这也是企业遇到的最大困境，尤其是刚起步的创业者。在创业阶段，90%以上的初始资金都是由创业者、创业团队或家庭成员提供的。任正非刚创业时的2万多元，也是他和其他合伙人一起筹集的。

企业在不同的阶段，接受投资的方式也不一样。在创业初期，可能会有朋友、亲戚的帮助。随着企业的发展、项目的扩大，需要大规模地商业化时，就需要投资人介入。

融资是企业跨不过去的一道坎。不管是大型企业还是刚起步的创业者，都离不开资金的支持。IT创业更为明显，因为刚开始肯定要"烧钱"，提升知名度，这时如果没有强大的资金作为后盾，企业根本就不可能发展下去。

有时，融资也是提升企业竞争力的一种手段。同样做研发的两家公司，一家资金充足，另一家资金短缺，哪一家会占领市场优势，不言而喻。只有资金充足，才能更好地"玩转"企业，创造更大的利润价值。

二、改变企业的发展模式

与传统的经济发展模式不同，财富时代以资本为核心，以知识为平台，组建企业全新的商业模式、管理模式和投融模式，企业财富的聚集速度可以是传统企业的几十倍甚至上百倍。

在知识经济时代，企业的发展存在三种模式：减法经营、加法经营和乘法经营。减法经营就是企业固守自己的思维，不管客户需求的变化，没有创新，企业日趋艰难；加法经营是当前绝大多数中小企业所采取的模式，企业的主要精力集中在市场的拓展、产品的研发、质量的提升和财务管理上，依靠企业自身的积累慢慢发展。

当前，市场竞争激烈、产品同质化、利润率低下等是企业家最为痛苦和烦恼的问题。加法经营和减法经营是传统经济发展的常见模式，企业应该探讨新的发展模式。

乘法经营则是知识经济的特征。在乘法经营中，企业家不再局限于自己有多少员工，有多少设备，没有围墙的"虚拟经营"是其显著特征；企业家借助资本的力量，对行业进行整合，力求企业价值最大化和财富增长高速化。企业拥有资本，可以进行宏观的市场布局，充分整合行业的产品资源和市场资源，创造出一个个财富神话。

财富时代，一个优秀的企业家必须懂得利用资本的力量确定企业的经营战略。

三、企业经营战略是融资战略

在知识经济时代，最重要的企业经营战略是融资战略。

知识经济时代，企业产业化发展显得十分重要，企业的生存和发展，资本扩张必不可少，由于金融环境问题导致大多数企业领导人习惯于产品运作，资本运作在自己的知识能力结构中成为盲区，常常面临"一分钱憋死英雄汉"的难堪局面。在企业的实际运作中，企业对股票上市、银行贷款、风险投资已经熟知，但对真正意义上的资本扩张战略或者形如众筹的创新融资一般较为陌生。从发展的角度来看，资金对每个企业都是稀缺资源，而企业的生产经营、资本经营和长远发展时时刻刻又离不开资金。因此，如何有效地进行融资就成为企业一项极其重要的战略。

融资战略是指企业为了有效地支持投资所采取的融资组合，融资战略选择不仅直接影响企业的获利能力，而且还影响企业的偿债能力和财务风险。

融资战略是企业经营战略的核心。搞好企业的融资战略，可以降低企业的融资成本，实现企业的理财目标，提高企业的经济效益。因此，分析融资环境，选择企业的融资方式，衡量融资成本和融资风险，实现融资结构的最优化，已经成为企业融资战略思考的重点。

众筹模式正在成为我国中小企业重要的融资模式。

第一，众筹模式助力个人创业者。对于众筹发起方而言，门槛较低。不论身份、地位、职业、年龄、性别，只要你的项目有创意、有创造能力，就可以发起项目，通过众筹方式获得项目启动资金。对于在传统融资模式中很难获得资金的个人创业者而言，众筹模式为他们提供了更快捷地获得成本更低的资金的可能，为他们实现自己的创业梦开辟了一条蹊径。

第二，众筹模式有助于创业者预知市场需求以及实现廉价的市场推广。在众筹模式中，发起者的项目在众筹平台推出后，支持者可以提出对于项目的看法和意见，帮助发起者完善项目，预知市场需求。此外，众筹平台的主要功能除了项目审核、平台搭建外，还可以为创业者提供营销推广、产品包装和销售渠道等服务，创业者通过众筹模式不仅可以实现融资，也可以推广自己的项目。

第三，众筹模式将为我国中小企业融资开辟新路径。我国的中小企业，尤其是文化创意产业相关的中小企业一直面临着"融资难"的问题。在传统的融资模式下，受到产品的无形性、知识产权评估难、企业固定资产有限等一系列问题的阻碍，这些企业无法或者很难获得银行贷款，同时也达不到上市的要求，很难获得PE等其他融资模式的青睐，"融资难"问题一直没能得到很好的解决。

众筹模式突破了传统融资模式的诸多限制，让中小企业的项目可以在更广阔的平台中筹得资金，解决中小企业"融资难"的问题。

第三节 众筹走向服务化

心态就是一个人对事物的态度，有什么样的心态，往往产生什么样的结果。如果以服务投资者的心态发起众筹，项目往往容易成功。众筹融资不要有功利心，要以服务的心态发起众筹。

服务心态就是在服务的过程中，服务方在言行举止方面所表现出来的一种心态。被服务方有两种需求：物质需求和精神需求。服务态度的作用是能满足被服务方的精神需求（或称心理需求），使其不但拿到合格满意的"产品"，还要心情舒畅、满足。

以美国最大的国际化众筹融资平台Indiegogo为例。在基本业务流程方面，Indiegogo通过自身平台向大众推介多种多样的融资项目，甚至包括为慈善事业融资。服务的群体更是不拘泥于本土，而是放眼全球。

自成立以来，Indiegogo已经为200多个国家的几万个项目提供了融资，该平台也获得了上百万美元的风险投资。

一、服务才是做好众筹的第一步

积极的心态非常重要。积极的服务态度主要包括热情、诚恳、礼貌、尊重、亲切、友好、谅解、安慰等。众筹是让投资者拿出资金的行动，发起方必须认真对待。这其中，拥有积极的心态，"服务"好投资者，对发起项目的成功具有非常重要的作用。

具有积极的心态，就是不能把由其他因素带来的负面情绪在被服务方面前表现出来。心态反映在服务质量上，优质的服务是从积极的态度开始的。良好的态度会让被服务方感受到你的亲切、热情、朴实、真诚。

很多时候，成功就在一念之间，而这"一念"，却来自你长期的自我心态调节。把心态带到阳光下，你就能发挥无限的潜能，走上人生的康庄大道；反之，把心态带到阴暗潮湿的环境中，你只会越来越消极。

在美国，有一个叫雷·克罗克的人。他出生的年代恰逢美国西部淘金热结束，一个让许多人都发了财的时代与他擦肩而过。他读完中学后，本该继续读大学，可是又赶上了美国经济大萧条，他因没钱又失去了读大学的机会。后来他进入了房地产业，好不容易打开了局面，不料第二次世界大战爆发，房价急转直下，他又失去了经济来源。为了谋生，他不得不四处求职，做过服务人员、保安、推销员等。就这样，几十年来，低谷、逆境和不幸时刻伴随着他，命运似乎一直在捉弄他。

虽然屡遭挫折，雷·克罗克却丝毫不减追求美好生活的热情。1955年，在外面闯荡半生的他回到老家，卖掉家里少得可怜的一份产业，开始做生意。

这时，他发现迪克·麦当劳和迈克·麦当劳兄弟俩经营的汽车餐厅生意红火。经过一段时间观察，他认为这个生意很有发展前途。当时他已经52岁了，但他下决心从头做起，到这家餐厅打工，学做汉堡包。

后来，他与麦氏兄弟合作成立了第一家加盟连锁店。再后来，当麦当劳经营不景气时，他又以借来的200多万美元将其买下，并开始以科学的管理方式经营麦当劳。

现在，麦当劳已成为全球最大的以汉堡包为主食的速食公司，而雷·克罗克则被誉为"汉堡包王"。

一个人对待生活的态度能够决定他的一生。瑞士哲学家阿米尔曾经说过："生活失去了希望，就不再是生活，它的名副其实的名字就该是磨难。"我们几乎每个人的一生都要经历一些磨难，如果能做到心怀希望，那么任何磨难都会变得微不足道；反之，放弃希望的人就像是给自己的生活判了死刑，他的人生会失去意义。

众筹汇CEO叶霆宇说："众筹并不是那么容易成功的，实际募集金额大约为目标金额的十分之一，很多创业团队都希望借着众筹平台实现一夜逆袭，这凸显了项目发起人的浮躁心态。"

1. 创新经验两缺乏

众筹项目的发起人一般经验积累不够，导致项目数量相对较少且缺乏创新。目前，国内众筹大多在智能硬件范畴内，在设计理念上大同小异，有浓厚的"模仿色彩"，因此也难以吸引投资人的目光。

项目在线下被投资者拒绝后，并不影响项目在下一个投资人处的评价；但项目在线上参加众筹后极大提高了曝光度，增加了项目融资的透明度，一旦众筹失败，不仅会大大打击创业团队的士气，而且投资人就难以再伸出"橄榄枝"，更难在众筹平台获得二次融资的机会。

2. 项目执行拖延滞后

项目之所以能够众筹成功，很大程度上在于投资者对投资人的信任，但是项目发起人在之后的执行中往往会出现很多问题，辜负投资人的信任。

比如，众筹成功的产品具有独特性，但由于发起人本身在生产工艺、技术力量、生产经验等方面存有缺陷，难以如约对产品进行批量生产。这些客观因素还能被投资人理解或接受，但由于项目发起人本身的不负责、偷懒等，导致产品延期发布或产品质量与预期宣传差距甚大，这对于投资人而言除了表达愤慨之外只能选择等待，严重影响投资热情。

随着众筹的发展，投资人会对项目的发展和项目的执行要求越来越高，那些缺乏责任心的项目发起人很难获得投资人的信任。

3. 不愿参与市场培育

中国互联网市场受电商巨头影响大，淘宝、京东、百度等巨头已经在干扰众筹；加上互联网模仿、抄袭之风，很多创业者不愿意在众筹平台上曝光，宁愿线下寻找风投。

那些拥有成熟项目又愿意参与众筹的创业者，却对国内众筹平台不满意。他们认为国内众筹市场尚处于培育期，不愿意拿自己的项目在市场上试水，因此不少优秀项目在国外平台Kickstarter登录。

只有让更多的人了解众筹，众筹的消费市场才会慢慢被培育起来，曝光度也会进一步放大。当然，如果是目的不纯的项目发起者或是考虑尚未成熟的投资人盲目参与众筹，也会搅乱众筹行业。所以，无论是项目发起者还是投资人，都需要保持积极健康的心态，理性看待众筹项目，量力而行，这样众筹行业才能获得良性发展。

二、走向服务化的中国众筹

众筹的未来一定会走向服务化。我们知道，众筹模式并不复杂：众筹项目设定一个目标金额和时间限制，只有在发起人预设的时间内达到或超过目标金额，众筹才算成功；在设定时间内，达到或者超过目标金额，项目即成功，发起人可获得资金；筹资项目完成后，网友将得到发起人预先承诺的回报，回报方式可以是实物，也可以是服务。如果项目筹资失败，那么已获资金将全部退还给支持者。

众筹模式进入中国的时间不长，但也不乏成功的案例。比如，一个想创业却没有启动资金的80后，通过股权众筹平台天使汇筹集到300万元启动资金，然后将煎饼卖成了风靡京城的黄太吉烧饼；《罗辑思维》用"史上最无理"的付费会员制筹集到了近千万元会费，让大众以众筹方

式养活一个自己喜欢的自媒体节目；杭州盈开投资合伙人蔡华在朋友圈里发出"众筹"邀约，一篇名为《一万块，你想干什么》的文章流传开来，48小时就筹集了123万元资金；点名时间、众筹网、追梦网等一系列众筹平台蹿红。

在这些众筹成功的案例里面，我们不难发现，核心属性是大众参与以及个人的直接贡献。参与者的贡献，可以是资金，也可以是资金外的其他贡献，譬如能转换成价值的资源或者是能帮助项目直接节约成本，简单地说，创意项目因"筹"而成。

众筹绝不仅仅是筹资。

点名时间以众筹的姿态走入大众视野，但是却将这张标签撕掉了。2012年4月，在点名时间第三届10×10智能产品趋势大会上，创始人张佑宣布放弃众筹模式，而成为智能硬件的首发平台。

张佑说："我们并不希望做成一个'乞丐'网站，我们希望能专注于一些更重要的事情。变为智能硬件的首发平台，这样的定位更加精确，同时也会让不了解的用户更清楚点名时间是一个什么样的平台。"

众筹筹集的不只是钱，它更重视用户互动，这种"互动"超越了单纯的购买行为，而是强调用户黏性和意见反馈。张佑说："对我们这种回报型的平台来说，价值就是早期市场的验证、早期用户的获取。对于项目发起人和支持者而言，前期的参与是很重要的。"

对这种参与感，"123茶楼"的发起人蔡华感触更加深刻。123茶楼的初始团队被分拆成了圈子、媒体、经营、商业等七个小组，由股东自愿承担起各项职责，对接各种线下的琐碎事项。仅仅两天内，项目小组就收到近百位供应商登记的信息，除了茶、干果等食品，连设计、服装、家具、装修甚至汽车润滑油、刹车片都有。

众筹给予的也不只是钱，它还是观念、粉丝经济与策划行销的一个结合部。

点名时间会针对一些优秀项目提供全方位的众筹支持、包装服务。当进入点名时间超级项目后，硬件团队可以接受点名时间的项目包装、媒体公关、投资人推荐、渠道对接"绿色通道"等一系列专业的定制服务。

三、众筹平台的服务化

众筹正在影响着中国，影响着世界。在众筹发展看似一片繁华的背后，其实也存在着一些还未企及的地方。最明显的表现就是，创业者虽然可以利用众筹模式开始自己的创业之路，但开始并不意味着一定就会有好的结果，也就是说，众筹并没有对这些创业者实行一体化的服务让其真正发展壮大。

对创业者来说，没有资金寸步难行，但是拿到启动资金并不是完事大吉，这只是创业开始的一小部分，后续的创业指导、培训才是至关重要的。尤其是在众筹上创业者大部分都是初次创业的情况下，市场刚需决定众筹平台绝对不能仅仅是一个众筹项目的展示平台，而必须是一个给创业者提供整合服务的一体化服务平台。

可以畅想一下，未来的众筹平台，很可能就是在一个网站后面隐藏着一个类似于"创新工厂"的孵化平台，给创业者提供孵化功能，只有这样似乎才能真正体现出众筹的价值。

因筹而生，众筹所隐藏的商业价值或许远远不止你我看到的那样，而这恰恰是众筹本身的魅力所在。众筹在未来究竟会出现怎样的玩法，或许还要发挥大家的想象，但无论如何，众筹给整个互联网行业甚至于国计民生带来的影响都将会是颠覆性的。

下面我们来看一个案例。

兴发米是一个年轻的互联网金融平台，成立于2015年。从成立之日起，兴发米主要为有资金或有资金需求并有理财规划的个人和小微企业服务，通过向兴发米的标的物投资，借款人得到资金，投资人得到利息，达到双赢的目的。平台管理团队由在金融、互联网等行业中优选而出的人才组成，拥有专业的风控能力和有效的风控体系，能对每个项目进行全方位的风险控制，从而让客户收益更有保证。

在发展过程中，兴发米通过系列活动为投资者筛选合适的有信用价值的借款人，严格做好风险控制工作，从源头上确保投资者的资金安全。兴发米金融平台还开通了众筹分红模式，按天计息随存随取，让你安心投资理财。

对于普通参与者来说，众筹是一件既严肃又好玩的事情，既和梦想有关，又和公益有关。但在当下市场监管乏力的情况下，那么多的众筹网站该如何选择呢？

对于普通投资人而言，首先，对于股权众筹项目一定要慎重对待，相反回报众筹的风险较小。其次，要选一个可靠的众筹平台，用户可以查询平台上过往的众筹成功案例进行判断，前期投资也不宜过大。对于希望通过众筹来实现梦想的人，必须有好的产品和想法，才能真正打动投资者。

附　录

"宋小蜜"的众筹奇迹

一、"宋小蜜"的前世今生

人生会因为一件小事或某一个人而发生改变，事业的发展也是如此。我与"宋小蜜"的情缘就因父亲生病而起。那是在2013年9月，一向身体还不错的父亲突然病倒住院了，这让我有些不知所措，心情也十分沉重。

父亲的生病让我不由自主地想起"子欲孝而亲不在"这句话，十分感伤，也有些害怕，于是就萌生了替父亲做些什么、尽尽孝心的想法。其实，我在创建企业的过程中，一直在不断地推崇孝心、爱心，只不过，父亲这次的生病让我对孝心有了深一层的理解，明白了孝心是有期限的。有多少人忙忙碌碌，总认为孝敬父母是今后的事情，等自己赚到了钱，一定要好好孝敬父母，可结果有多少人直到最后也未能做到呢？有些事情一旦错过了，就会成为终身的遗憾。

那么，什么是孝心呢？平常对父母点点滴滴的好就是最大的孝心。为了让父亲少操劳、多开心，我想在父亲70大寿时，给他送上一份特殊的礼物。但我觉得表达孝心最好的方式并不一定是礼物，而应该是想父

母所想，替父母完成他们未能完成的心愿，我一直在寻找这样的机会。

一次，在和父亲的闲谈中，父亲说起了陈氏的书生先人与宋家小姐因蜂蜜结缘的故事。我灵机一动，萌生了替父亲卖蜂蜜的想法。当我把自己的想法告诉父亲时，父亲笑着摇摇头说："你又不是做这行的，连蜜的好坏都分不清，还帮我卖蜂蜜？""我可是学品牌营销的，这是我的专长！"我信心满满地告诉父亲。

在我的坚持下，父亲决定让我尝试一下。我与父亲分工合作，父亲开始收集自己和老伙伴们的蜂蜜，确保农家蜜源的纯正，而我则研究起了如何给蜂蜜增添文化元素和传奇色彩。我改编了陈氏书生和宋家小姐的故事，取"宋"为"送"之谐音，推出了"宋小蜜"的品牌和人物形象，幽默诙谐又新鲜，一时间成为朋友圈里的美谈。

为了方便不同层次的人消费，我们又分别推出了"宋大人""宋甜蜜"等品牌。产品包装了一下，在朋友圈中发了几条微信，两周就卖了12万元。我有些喜出望外，老父亲高兴地说："你两周做了我4年的销售量。"从来不喝酒的父亲，第一次开戒，向我敬酒："儿子，我现在开始崇拜你了。""这还只是刚开始呢。"我颇感自豪。

就这样，我与"宋小蜜"结下了不解之缘，我的事业发展因父亲的一次生病，我为聊表孝心为他卖蜂蜜而彻底改变，听起来是不是有些像电视剧里的桥段？生活也好，事业也罢，就是有许多我们无法预知的事情发生。一件小事对于你来说，都可能是不容错过的机会，善于抓住机会，成功或许就会向你迎面走来了。

二、"宋小蜜"的商业帝国

谁能想到一个蜂蜜的品牌就能打造一个商业帝国？或许你会觉得这是痴人说梦。不！我想说的是，在互联网时代，只要你的产品质量过硬，懂得营销，一切皆有可能！

了解我的人都说我喜欢钻牛角尖，其实，我只是一个比较执着的人。做一件事情，就一定要把它做好，做成功，做大，这是我一贯坚持的信念，同时我也认为这是事业成功的最有利的保障。事实证明，我的坚持，或者说我的钻牛角尖，是正确的。

经历无数次的风吹雨打，"宋小蜜"也有了自己的新概念：做国内的龙头企业，并创建一个真正属于自己的品牌。

为产品设计高档的外形包装，积极营销，且创造识别能力强的品牌，让"宋小蜜"走出福建，走出中国，重回礼品市场。

打造属于中国人的蜂蜜礼品孝道文化，做高端蜂蜜创意缔造者，"宋小蜜"为自己确定了新的航程，不仅在思维上发生了改变，同时也在产品通道上做出了新的规划和选择。

让消费者乐意为创意买单，为健康买单，为生活买单。最大化地提高销售产量，当销售产量达到上限时，要控制好上游的产品质量，并做好重点把关工作。

除了在包装创意上细化，还可以利用蜂蜜的功能优势，在产品结构上呈"三角形"细化，即"70%大众走量、20%功能产品、10%顶级产品"，这样从质和量上建立更加完善的品牌体系，让新的航程到达新的"风景区"。

"宋小蜜"如今的产品已形成系列化、多样化的特点，不仅包括饮食品、日用品、化妆品，还包括保健品和农产品。"宋小蜜"的商业帝国不断地壮大，并远远领先于同行业其他企业。

从2013年8月开始，组建团队到完善创意，9月试销，10月创办公司，12月全面推向市场。打造"宋小蜜""宋大人""宋甜蜜"3个系列、30多款产品，并根据客户的需求进行各种私人量身定制，首年就创下近亿元的销售业绩。

对企业的发展，"宋小蜜"有着清晰的规划。2014年，打开城市

经销商和代理商的渠道，称之为渠道拓展年；2015年，通过横向投资及股份联营合作等方式在全国各主要蜜粉源产地建立多家养蜂基地；2016年联盟同行，构建蜜蜂养殖、采集蜂蜜、蜂蜜养生食品一条龙结构的农业观光生态园等生态旅游和文化产业。"发挥闽商的抱团精神""走出去""打造民族品牌"，这便是我为"宋小蜜"规划的未来。我相信，"宋小蜜"的未来一定如我期盼的那样美好。"宋小蜜"的发展规划，如图1所示。

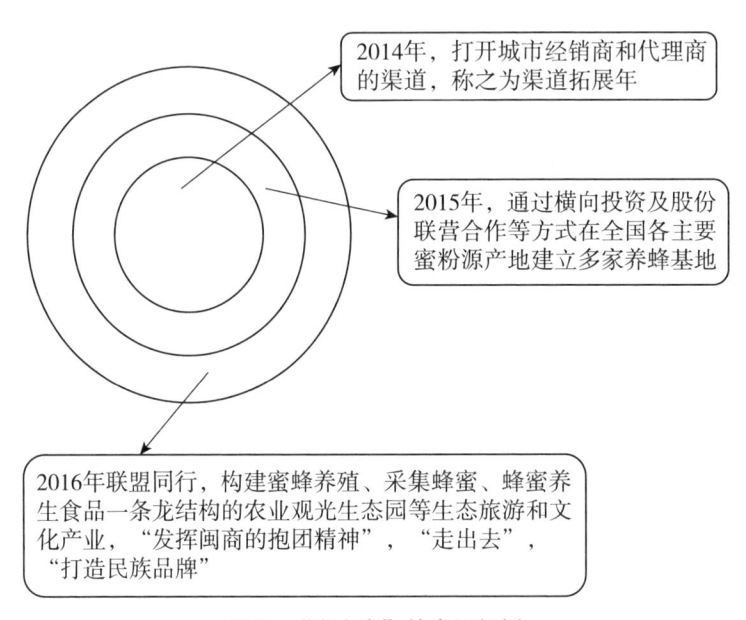

图1 "宋小蜜"的发展规划

三、"宋小蜜"的大事小情

对于大多数人来说，"宋小蜜"只是一个品牌，人们对它并没有深入的了解，下面是"宋小蜜"的详细介绍。

（一）一个不俗的品牌

1个老板，4个销售，1年拼搏，缔造本土众筹奇迹；

1个文创，1个平台，1年布局，成为全民关注的公众企业；

1个团队，1个梦想，1群人，1个可实现的未来。

传统企业颠覆式的运营模式，客户论经营的终极奥义。

中宣部、福建省市政府高度关注的文化产业公司。

（二）一个伟大的公司

战略：陈氏秘宗（中国）农业发展有限公司。

研发总部：福建陈氏秘宗农业发展有限公司。

中国运营：上海立克文化创意发展有限公司。

销售：陈氏秘宗（福州）贸易有限公司。

生产：福州蜂味源蜂业科技有限公司。

文创：宋小蜜文化创意产业集团有限公司。

1. 组织架构

"宋小蜜"背后的企业，是陈氏秘宗（中国）农业发展有限公司，其组织架构，如图2所示。

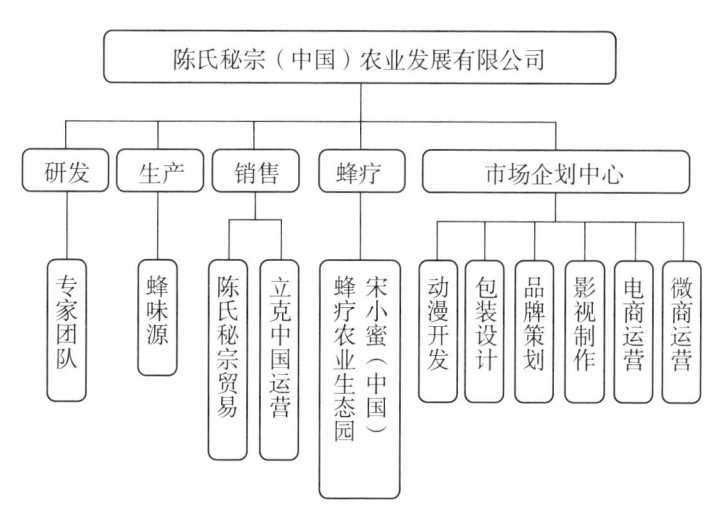

图2　陈氏秘宗（中国）农业发展有限公司组织架构

2. 服务板块

"宋小蜜"有专门的文创公司——宋小蜜文化创意产业集团有限公司，其主要职能，如图3所示。

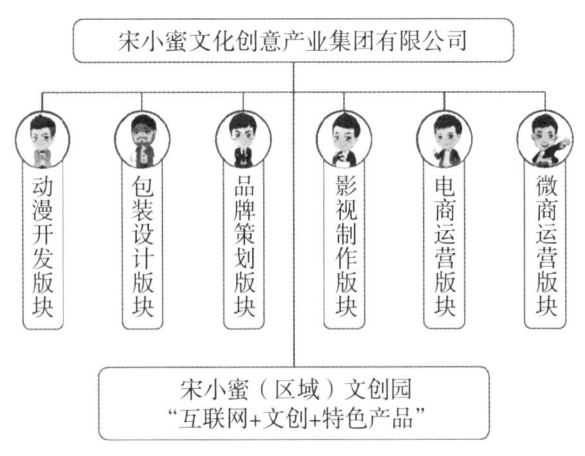

图3 宋小蜜文化创意产业集团主要职能

宋小蜜文化创意产业集团以文化创意产业为核心，形成营销企划、包装设计、动漫、电商、影视、微商六大产业模块，利用互联网思维，为客户提供全系统品牌整合开发，激发传统行业活力，快速实现企业转型升级。"宋小蜜"的服务板块，如图4所示。

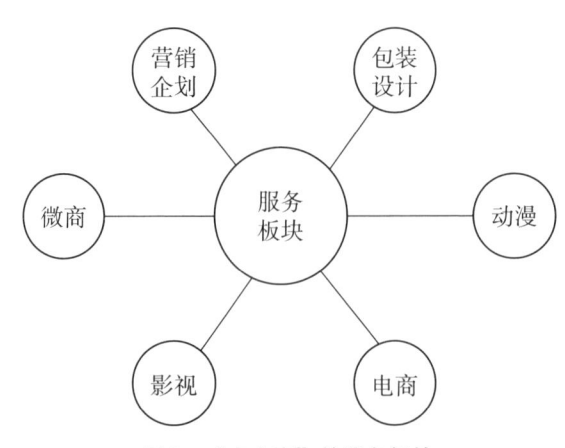

图4 "宋小蜜"的服务板块

（1）营销企划板块。

专注于企业营销策划，把握市场趋势，帮助传统企业跨界破局，颠覆创新，重塑企业运营三大模式——商业模式、创新模式、团队模式。

（2）包装设计板块。

为企业产品前期策划、品牌建设、品牌产品包装形象设计等方面提供运营资源。在多年的实践中创新出从渠道构建入手到快速推动品牌建设的"自下而上"的品牌营销模型，以及从企业品牌到消费者品牌的完美升级。曾参与2008年北京奥运会徽标开发，2010年中国工商银行VI系统设计，服务过中国石油总公司、熹茗茶业、春伦茶业、意林杂志等多家企业。

（3）动漫板块。

专注于"互联网+文创+实业"的O2O营销模式下的品质创新和品牌创造，致力于打造更多互联网时代的"三只松鼠""宋小蜜""江小白"等品牌。团队作品曾获得优秀动画片一等奖、最佳电视动画大奖、优秀国产动画片，以及"五个一工程"奖、"金熊猫"奖等诸多奖项。

（4）电商板块。

响应国家的"互联网+"战略，结合传统企业互联网化需求，充分整合企业互联网化落地要素，专注于传统企业互联网化整体规划咨询服务，本着"1+1>2"的经营理念，以独创的"四轮驱动"解决方案即电商化（电商战略咨询、电商运营顾问、电商运营交流）、品牌升级建设、整合营销推广和电商IT系统建设，帮助传统企业实现华丽转身，获得"互联网+"时代新生。在包装服务中拥有几十万个客户，曾帮助企业实现两个亿的产值。

（5）影视板块。

专注于影视品牌传播解决方案，服务过暴风影音、中国电信、国家电网、麦当劳等150多家大型知名企业。主营院线电影及互联网电影的投资、制片与发行，以及TVC、VCR的拍摄制作，依托对市场的洞察，以及集团公司品牌、动漫、电商、微商、产品包装设计的模块布局，打造出别具个性的电影定制之旅。

（6）微商板块。

专注于企业微信营销落地、执行、运营，致力帮助企业打造微信O2O运营，帮助传统企业抢回属于自己的客户、订单、资源，让企业拥有自己"永远"的"鱼塘"。

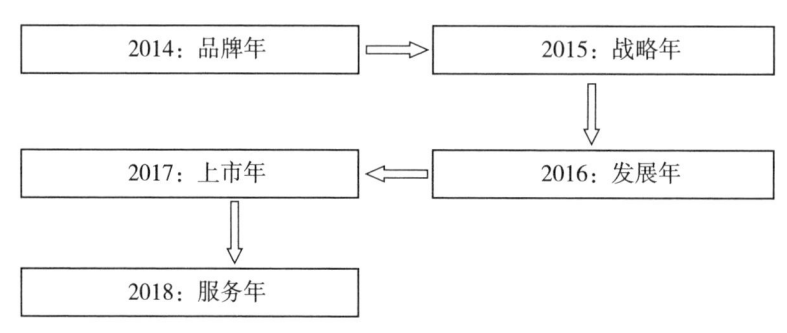

（三）"宋小蜜"的品牌规划

"宋小蜜"的品牌规划主要分为五步，如图5所示。

```
2014：品牌年  →  2015：战略年
                      ↓
2017：上市年  ←  2016：发展年
    ↓
2018：服务年
```

图5　"宋小蜜"的品牌规划

1. 2014：品牌年

艰苦的一年，我们终于实现了福州人人皆知"宋小蜜"品牌的愿望。有政府领导的视察，有来自国外的各届人士的参观，还有线上线下500多位优秀企业家的到访。一时间，妖精的口袋、大可乐手机、微社力、最特色、招商地产、盛辉集团、舒剪城、永塘盛、庄吉服饰、饿了吗等企业纷纷到访"宋小蜜"。

政府支持"宋小蜜"区域微总部发展，特批建立三明微总部大楼一幢（含装修），免租三年。这一年，接受各大媒体采访报道30多次。

2. 2015：战略年

基于2014年品牌的普及，实现天使轮融资，挂牌上市（准），并规范企业管理，以公众企业的标杆规范企业经营，让资本市场关注"宋小蜜"的适时发展。

3. 2016：发展年

建设蜂疗农业生态园，实现从纯食品向生态农业的华丽转身。

4. 2017：上市年

选择适合"宋小蜜"的资源，正式IPO（首次公开募捐）上市。

5. 2018：服务年

全球性招标，完善CRM（Customer Relationship Managerment）服务体系，维护经营全球老客户。

四、策划实例文案

以下是"宋小蜜"众筹的典型实例。

实例一："宋小蜜"全球千人众筹终结版（福建站）

创意改变生活，集智成就未来

（一）"宋小蜜"是谁

"宋小蜜"是中国高端蜂蜜创意缔造者，行业因"宋小蜜"而改变。

（二）为何你要来

"宋小蜜"群智蜂巢模式链接·创意·分享

控制用户的时代已经过去，发挥群体智慧的时代到来，而互联网的智慧正是来自个体聚合的力量，从而形成一片巨大的数据海洋，这已远远超过了"1+1"的简单叠加。除了自身团队的创造力之外，"宋小

蜜"旨在打造另外一种由无数聚合者联合形成的智慧网络——链接、创意、分享,从而带来深厚而宽广的创造力,为企业和个人提供深度价值和长期利益。

(三) 共同创意

"宋小蜜"的未来由你设计。作为合伙人,你可随时提供产品的设计方案和思路,经由设计师形成产品,并实现量化生产,你可享受两个权益:

(1) 获得创意产品净利润分红(分红模式及方案另行签订协议)。假设该产品年生产数量为5000万件,单件净利润空间为3元。

(2) 在该产品外包装上打上创意者的签名,实现全球传播。

(四) 共享资源

(1) 参加"宋小蜜"产品创新研讨。

(2) 参加"宋小蜜"合伙人年度盛会,共享优势人脉及资源。

(3) 进入"宋小蜜"CEO私董会人际圈,分享高层决策经验。

(五) "宋小蜜"为爱起航

本次众筹结束后,资金将用于共青团福建省委、共青团福州市委、福建省简单助学公益协会及福建省萤火虫计划助学中心发起的"阳光助残、青春同行"主题志愿服务活动,完成48个孩子的微心愿。

(六) 你如何参与

1. 爱心合伙人(50元),限100名(每人实名限1份)

(1) 获得价值528元的"宋小蜜"定制产品赠予权1份,留下你想要祝福之人的快递信息,我们的甜蜜使者会将你的真挚心意妥帖传递。

(2) 获得"宋小蜜"护照1本,推荐、创意、分享均可累积金币,可兑换iPhone6等奖品。

(3) 参加"宋小蜜"合伙人年度盛会,获得优势人脉及资源。

（4）拥有"宋小蜜"新品优先尝鲜权。

2. 金牌合伙人（2000元），限200名

（1）获得价值528元的产品赠予权5份。

（2）获得价值2600元的"宋小蜜"定制产品。

（3）获得价值138元的"宋小蜜"限量版抱枕5个。

（4）获得"宋小蜜"护照1本，推荐、创意、分享均可累积金币，可兑换iPhone6等奖品。

（5）参加"宋小蜜"合伙人年度盛会，获得优势人脉及资源。

（6）拥有"宋小蜜"新品优先尝鲜权。

3. 金钻合伙人（5000元），限200名

（1）获得价值528元的产品赠予权10份。

（2）获得价值11 600元的"宋小蜜"定制产品。

（3）获得价值138元的"宋小蜜"限量版抱枕10个。

（4）获得"宋小蜜"护照1本，推荐、创意、分享均可累积金币，可兑换iPhone6等奖品。

（5）参加"宋小蜜"合伙人年度盛会，获得优势人脉及资源。

（6）拥有"宋小蜜"新品优先尝鲜权。

4. 战略合伙人（5万元），限10名（每人限1份）

（1）获得价值528元的产品赠予权20份。

（2）获得价值3万元的"宋小蜜"定制产品。

（3）获得价值138元的"宋小蜜"限量版抱枕30个。

（4）3年后，返现5万元。

（5）进入"宋小蜜"CEO私董会人际圈，分享高层决策经验，整合优势人脉及资源。

（6）符合条件的，优先吸纳为"宋小蜜"原始股东。

实例二:"宋小蜜"全球首轮合伙人众筹盛会

创意改变生活,集智成就未来

(一)"宋小蜜"是谁

"宋小蜜"是中国高端蜂蜜创意缔造者,行业因"宋小蜜"而改变。

(二)为何你要来

作为中国蜂蜜创意代言人,"宋小蜜"已经走遍全球。为继续践行"提高中国蜂农的生产收入,提高中国蜂蜜在全球的排名"的使命,我们需要更多人加入合伙人团队,共同延续创意,改变生活,创造未来。

(三)共同创意

"宋小蜜"的未来由你设计。作为合伙人,你可随时提供产品的设计方案和思路,经由设计师形成产品,并实现量化生产,你可享受两个权益:

(1)获得该产品净利润50%的分红。假设该产品年生产数量为5000万件,单件净利润空间为3元。

(2)在该产品外包装上打上创意者的签名,实现全球传播。

(四)共享资源

(1)参加"宋小蜜"产品创新研讨。

(2)参加合伙人年度盛会,共享优势人脉及资源。

(3)进入"宋小蜜"CEO私董会人际圈,分享高层决策经验。

(五)你如何参与

1. 爱心合伙人(10元),限100名(每人限1份)

(1)获得价值58元的产品赠予权1份,留下你想要祝福之人的快递信息,我们的甜蜜使者会将你的真挚心意妥帖传递。

(2)获得"宋小蜜"护照1本,推荐、创意、分享均可累积金币,可兑换iPhone6等奖品。

（3）参加合伙人年度盛会，获得优势人脉及资源。

（4）拥有"宋小蜜"新品优先尝鲜权。

2. 金牌合伙人（500元），限200名（每人限3份）

（1）获得价值58元的产品赠予权5份。

（2）获得价值700元的"宋小蜜"合伙人专用款。

（3）获得"宋小蜜"护照1本，推荐、创意、分享均可累积金币，可兑换iPhone6等奖品。

（4）参加合伙人年度盛会，获得优势人脉及资源。

（5）拥有"宋小蜜"新品优先尝鲜权。

3. 金钻合伙人（1000元），限200名（每人限3份）

（1）获得价值58元的产品赠予权10份。

（2）获得价值2000元的"宋小蜜"合伙人专用款。

（3）获得"宋小蜜"护照1本，推荐、创意、分享均可累积金币，可兑换iPhone6等奖品。

（4）参加合伙人年度盛会，获得优势人脉及资源。

（5）拥有"宋小蜜"新品优先尝鲜权。

4. 战略合伙人（3万元），限15名（每人限1份）

（1）获得价值3万元的"宋小蜜"合伙人专用款。

（2）2年后，返现3万元。

（3）进入"宋小蜜"CEO私董会人际圈，分享高层决策经验，整合优势人脉及资源。

（4）优先成为"宋小蜜"原始股东。